AV監督ヒヤヒヤ日記

少子化阻止、セックスレス解消のために撮りつづけます

ラッシャーみよし

WAC

はじめに　AV監督は、もはやアウトローに非ず？

こんにちは。AV（アダルトビデオ）監督のラッシャーみよしです。

AV監督といったらきれいな女性と仲良くして、日夜人のセックスを撮影。毎日がキャバクラとストリップと風俗が合体したような生活を送っている人、と思われているかもしれませんね。

確かに、他人の目から見ればAV監督の生活はピンク・ライフ（お花畑）。だけれど、人には人の苦労があります。AVなりにその道を究めたいという欲求もあれば、日々遭遇する難題、困難、厄介事に立ち向かっていく勇気と努力も必要です。

本書は、そんな一人のAV監督が不器用ながらもシコシコと前を向いて歩いてきた、ちょっと笑える人生奮闘記です。

考えてみれば、私は四〇年もこの世界（アダルト業界）にいます。その間に業界の様子もずいぶん変わりました。

日本でＡＶが産声をあげたのは、一九八一年のことです。言うまでもなく、ビデオ・カメラで撮影して、ビデオで販売されたエッチな映像というのが定義です。それまでの、エッチ方面は日活などの映画が提供していました。映画館に行かないと見ることができなかったハダカやセックス・シーン（演技）が自宅で見られるビデオになったことで、飛躍的に世の男性陣に浸透。またたく間に、巨大マーケットに成長したのが初期のＡＶでした。

そして、時代とともに演技だったセックスは本物のセックスになっていったのですが、最初の頃は、コンプライアンスというものはありませんから、契約書もなければ打ち合わせもなく、病気の検査もなければ、時にはコンドームすらない！　なんにもない！　といったカオスのような状態でしたから、まさかここまでＡＶ業界が健全になるとは夢にも思いませんでした。

そもそもＡＶ業界はスケベな人か反社会的な人か変態ばかり（個人の感想です）。ＡＶメーカーのイメージも後ろ指を背中に感じるような、うれし恥ずかし、あまり世間に公言できるようなものではありませんでした。それが、今やＡＶメーカーは普通の会社です。それどころか、上場しようかという勢いの巨大企業まで存在します。

会議室のモニターに大きく「中出し！」と映し出してみんなで真剣に会議している

姿は、普通とは思えないけれど、ともかく、企画会議があったり、契約書があったり、第三者委員会があったりで、現場のAV監督もこういったシステムに組み込まれています。

そう、AV監督はもはやアウトローの一匹オオカミではなく、社会のルール、システム、慣例の中で毎日を悪あがきする一介の凡人となったわけです。そうなると、AV監督の悩みは、仕事内容こそ特殊ですが、世間の皆さんがかかえている悩みや苦労とそれほど大差はありません。

ああ、今日も会議かぁ。朝早いなあ。苦手な人とずっと一緒だなあ。また失敗しちゃったよ……といった毎日。でも、そこで語られる事例は、普通の人たちとちょっと違うかもしれません。本書のおもしろさはそんなところにあると思います。それでは、AV監督の毎日を笑って読んでやってください。

あと冒頭から嘆き節で恐縮ですが、二〇二二年六月一五日、いわゆるAV新法「AV出演被害防止・救済法」が国会で成立しました。成人年齢が一八歳に引き下げられたのをきっかけに、若い女の子たちをAV出演の強要やセックス被害から守ろうというのがそもそもの趣旨でしたが、実は、これが今やAV業界を大混乱に陥れているのです。

特に、これからひとりで立ちあげようかというワンオペAVメーカーにはやっかいです。

苦労してAVメーカーを立ち上げ、撮影、編集、発売準備を済ませ、ようやく船出をしようというところで、いきなり大嵐に見舞われたようなものです。

法の趣旨そのものにはなんの問題もあろうはずがありません。イヤだという女の子を無理矢理出演させたり、打ち合わせでは聞いたことがないような内容をやらせたりするのは犯罪です。労働法的にも、人権的にも問題のあることで、ここまでいかずとも以前はなんとなく許されていたような「暗黙の強要」も令和の現代に通用するはずがありません。

それはいいのですが、問題はこの法律が拙速すぎて、結果、出演者の救済というより、AVを有害と断定して、AVそのものをなくしてしまえ……と考える人たちの主張に近づきすぎてしまったことなんですね。

法案成立から施行までの期間が一週間というのも異例のことでしたが、AV業界の当事者に誰一人ヒアリングしていないのも異常です。当事者というのは、女優、男優、AVメーカー、プロダクション、制作会社などをさします。特に問題なのは、女優から一切ヒアリングが行われていないことで、まさに「私たちのことを勝手に決めないでよ！」という話です。

そのような中であわてて作られた法律なので、実際とそぐわない理不尽なことだらけ。

ＡＶメーカーを始めようとする人に一番関係するのは、撮影日と発売日のルールでしょうか。

女優さんを決めて、出演契約を結んでも、撮影日はその契約日から一カ月以上経過しないと撮影できないことになっています。

出演すると決めたけれど、あらためて落ち着いて考えてみましょう、という期間です。

さて、ようやく一カ月が経過し、撮影も無事終了。制作費は一刻も早く回収したいですから、すぐにでも発売をしたいですね。でも、それもストップ！

撮影日から四カ月素材は寝かせておかないといけないのです。つまり、一月一五日に撮影した作品は、五月一六日以降でないと発売できないルールになりました。ＡＶ新法成立以降に撮影されたＡＶがそろそろ発売され始めますが、夏の商品は寒空にコート姿、下手をすれば外は雪化粧。一方、冬の商品はタンクトップに汗……という、おもしろいことになりそうです。

この四カ月の間に出演者が、やっぱりやめます……と言った場合、メーカーはこの作品を発売できないことになりました。

四カ月の理由は、これもまた、発売日までに本当にAV出演してよかったのかをしっかり考えましょう、ということです。

「三年もやっている、しかもやりたくてやっている私たちが、どうして一カ月考えたり、四カ月考えないといけないんですかね、バカみたい」

とは、中堅AV女優さんの意見。AV業界の中心となっている女優層です。この法律のために女優側が受ける損害については話せばキリがありませんが、ここではメーカーの立場で話を続けましょう。

撮影しても回収が始まるまで半年かかってしまうというのが、大問題なのです。作っても、作っても半年間はお金が出ていくばかり。

さすがに、これはAV業界に対して理不尽すぎると、一部の政党から法改正の審議を提案する声があがっていますが、どうなりますことやら。

もしあなたがAVメーカーを始めたいなら……という仮定の話も本書に書きました。

そのあたりは、監督ヒヤヒヤ日記というより、メーカー社長としてのヒヤヒヤ日記でもありますが、こんなんでよければ、ぜひＡＶメーカーを作ってください。そして、私を監督として雇ってね。では、本編へどうぞ。

ラッシャーみよし

AV監督ヒヤヒヤ日記

少子化阻止、セックスレス解消のために撮りつづけます

●目次

表紙・帯装画・文中イラスト／大前純史
装幀　須川貴弘（ＷＡＣ装幀室）

第一章

AV監督に なるまでの愉悦の 日々

某月某日

監督は、朝から晩まで独楽鼠《こまねずみ》の体力勝負

ＡＶ監督ってなんですか？　個人的な話は第三章で詳しく書くとして、まずは一般的な話から進めましょう。

ＡＶ監督というのは、文字通りＡＶ（アダルトビデオ）作品を監督する人。映画監督はわざわざ頭に「映画」をつけませんが、ＡＶ監督はＡＶ付きです。繁華街の呼び込みの甲高い声で発せられる「シャチョー」みたいなものですね。漢字の「社長」では決してありません。

ＡＶ監督の評価は、芸術性ではなく、どれだけエロいか。どれだけ皆さんのマスターベーションに貢献したかで決まります。もちろん、監督たちの中には、映像作家としてのすぐれた作家性を持つ人たちもいますが、そこは特に採点基準にはなりません。

皆さんも、人物描写がすごいとか、夜景が美しいという理由でＡＶを買いませんよね。好きな女優さん、好きな体形、好きなプレイ内容が購入の基準のはずです。しかし、

それでも同じ女優さん、同じシチュエーション、同じプレイ内容でも一作、一作の作品が違うように思え、いい作品、ダメな作品に評価が分かれるのは、やはりＡＶ監督のこだわりや、そのこだわりを皆さんに伝える手段に個性やスキルがあるからです。

プライドのない私でも、セックスを撮っていればＡＶ監督でしょ……と他人から言われると、やはり心の中ではムッとしてしまいます。

「きれいな女の子のハダカ撮れていいなあ」

と言われると、まあその通りでありますが、いやあ、実は苦労も多いんだよと本音も言いたくなります。

さて、ＡＶ監督は一体何をしているんでしょう。

現場で演出をしているのは誰でも想像できますよね。しかし、その前に台本を書くこと、さらに、その前にプロデューサーと打ち合わせをし、女優と面談・打ち合わせをしていることは意外と知られていません。

企画書まで書いたりすることもあります。

なんだ、普通の会社みたいじゃないか。

いや、その通り。現代のＡＶは普通の会社のような流れの中で撮影されています。

私がAV監督になった一九九〇年代は、まだ、いかがわしさがプンプンと漂っていた時代で、「はじめに」で書いたように、契約書がないのは当然として、台本がなかったり、あっても現場で全部変わってしまうことはザラ。トラブルも多く、女優さんを守る事務所もコワモテな時代。

「ああ、アウトローの世界にやってきた……」

と、私など感慨ひとしおでした。だって、ケンカもしたことがない私が、ちょっぴり黒社会もどきを味わえたのだから、感動もしようというものです。

それはともかく、監督はプロデューサーや女優との打ち合わせの後、台本を書いて女優の事務所から内容の承諾を得て、いよいよ撮影現場へと向かいます。

と言っても、そこにいたるまでがまた面倒です。

企画に合わせてスタジオを探し、女優の衣装を用意し、男優のキャスティングを済ませないといけません。

発売されるAVの数から想像できますが、毎月の撮影の件数は膨大なもの。撮影スタジオだって、「女教師」や「看護婦」（今は看護師か）モノとなれば、教室や病院のスタジオを確保するために争奪戦です。ヘタをするとどこもあいていなくて、看護婦物なのに病院や病室が出てこないなんてことも。

また、女優の数に対して男優の数が圧倒的に少ないので、仕事のできる男優はこれまた争奪戦です。

男優がポンコツだと、せっかくいい女優で、いい台本を書いても、目も当てられないものになりますからね。

私の場合は、エッチなお姉さんが可愛いM男君を一日中連れ回して、いいことをたくさんしてくれました、という内容のものが多いのですが、こういう設定で役にあった男優をキャスティングできないと、全然可愛くなかったり、ヘタをすればおっさん？　みたいなお笑い作品になってしまうので困ったものです。

ということをクリアしてようやく撮影。

ＡＶ現場の朝は早いです。だいたい朝八時集

合。撮影用に借りたスタジオで集合することが多いです。八時前ぐらいからADらスタッフが集まり、続いて、メイクさん、そして女優さんがやってきます。

VTRが回るのはまだ二時間ほど先なので、監督は来なくてもいいのですが、スタッフへの指示や、なにより女優さんの朝の様子を観察しておくことは大切なことです。小心者の私などは、一番早く行って、女優さんをお迎えしていますからね。

「おっはよ～ございま～す！」と私。

「朝からテンションたか！」と女優さんの苦笑。

そして、メイクに一時間半から二時間。

よくあるパターンは、ここからパッケージの撮影です。これはプロデューサーとカメラマンの仕事なので、この時間帯は、監督はお休みです。

約二時間の後、いよいよVTRの撮影が始まります。たいていのAVは四コーナーほどで構成されますから、それを一つずつ終わらせていきます。

デート物だと、観光スポットに移動したり、ラブホテルに移動したりして余計に時間がかかります。

デートはレインボーブリッジだ！　などとこだわりを見せる監督の現場だと、終了時間が大変なことになります。

そして、撮影が終わるのはだいたい夜の十時か十一時頃。業界でもっとも早いといわれている私の組でも七時、八時に終わることはまずありません。

半日以上に及ぶ撮影で何をしてるんだ？　と不思議に思う人もいるようですが、一コーナーを二時間で終わらせても八時間。各コーナーごとのメイク・チェンジ、衣装チェンジ、照明チェンジ、そしてなにより、女優さんはセックス・ロボットではありませんから、休憩も入れれば、深夜になるのもむべなるかなです。

そして、終電もなくなりそうな頃に事務所に戻り、機材や小道具を片付けてようやく終わり。あとは、編集して納品です。

なかなかの体力勝負でしょ。私が六十七歳で現役というと驚かれるのは、この体力勝負なところが驚かれるからです。椅子にドカッと座って演出するのは映画監督の大御所。AV監督の大御所はこまねずみちゃんなの。

と、AV監督の仕事というものを簡単に俯瞰《ふかん》してみましたが、もちろん色々な人がいます。自分の好きなことに夢中なあまり、女優がヘロヘロになっていても、スタッフがボロボロになっていても全然気がつかない監督。まったく女優にも、AVにも興味のない無気力監督。少し前ですが、シリーズ物を撮っている監督と鉢合わせになり、今日の女優さんは誰ですか？　と聞いたら、ADに「お～い、今日の女優誰だっけ」と聞いた人がいました。

びっくり。

でも、まあ、平均的なAV監督はこんな風に忙しくたちまわっているのでございます。

某月某日

早稲田大学院(修士課程)からエロ雑誌編集長へ

さて、楽しく日記を綴る前に、もうひとつ皆さんにおつきあいしてもらいます。私、AV監督という肩書ですが、AV監督にもいくつか種類があります。

①AVメーカーの社員監督（社長が監督という場合もあります）。

②AVメーカーの下請けにあたる制作会社に所属する監督。

③そのいずれか、あるいは両方から仕事を請け負うフリーランスの監督。

私の場合は、RASH（ラッシュ）という制作会社の代表を務めていますので、もともとは二番目のパターンにあてはまります。

しかし、一〇年ほど前に自分でも小さなメーカーを立ち上げましたので、下請けの監督であると同時に、メーカーの監督でもあるという立場になりました。これは、業界広しといえども私だけです。普通、よそのメーカーの社長に外注監督として撮影を依頼する会社ってないですよね。

いつもニコニコしている私の人徳らしいです（笑）。

というのはともかく、制作会社の監督という立場は、フリーランスの監督のように演出して、納品して、監督料をもらって終わりというのではなく、製作費なんぼという「箱受け」になりますので、お金の差配、人の手配などフリーランスの何倍も苦労が多い仕事です。一円でも多くの利益を出すことと、逆に少しでも経費を多く使っていい作品を撮ることのせめぎあい。

私のAV監督日記は、こういう立場から生まれた喜びや苦労を綴っていきます。

では、私の会社RASH（ラッシュ）とはなんぞや、ということになります。日記のほとんどの舞台がRASH。まず初めにRASHのことをお話しておかないといけません。

実は、RASHは、AVの制作会社ではなくて、雑誌の制作会社として誕生しました。雑誌と言ってもエロ本です。

制作会社というより編集プロダクションという方が当時はなじみが深いです。業務は、企画、編集、撮影、原稿書き、レイアウト。それぞれの分野を得意にする人間が集まって、出版社から仕事をもらって経営を成り立たせていました。

RASHは、最初は私一人に部下二人でスタートしました。京都の大学（京都大学じゃなくて、京都産業大学ね）から東京の大学院（早稲田）に進学したものの、東京の生活はピンク一色の刺激的な毎日で、もともとエロ少年だった私は、研究テーマだった「スラブ主義とカウンターユートピズム」そっちのけで、ビニ本、ノーパン、ストリップ、ピンサロにのめりこみ、気がつけば、セルフ出版という高田馬場のエロ本屋の門を叩いていたのでした。

ロシアの覇権主義とも関係するテーマを研究していましたから、そのまま大学院生を続けていたら、今頃学者になって、ワイド・ショーでひっぱりだこだったかもしれませんね。エビ（ロシア語で女性器のこと）ではなくウクライナについて語っていたかもしれません。

セルフ出版は、後に白夜書房と名を変えましたが、当時はエロ本出版社として破竹の勢い。私は、大学院生の身でありながら、フリーの風俗ライターとしてセルフ出版に出入りし、その後、同社で創刊する『キングコング』（後に『キャッシー』と改題）なるエロ文化雑誌の編集長になりました。怒涛の二〇代後半でした。

そこで雑誌の編集を覚え、機を見てセルフ出版から離れてRASHという編集プロダクションを作ったのです。時はいまだ昭和の六十二年。西暦で言うと一九八七年。『キャッシー』を作っていた時の仲間二人がついてきてくれて、最初は三人。それが徐々に増えていく中で、次第に本格的な編集プロダクションの形になっていきました。

毎日がエロ本作り！　想像できますか？　一番賑やかだった頃は、月に月刊誌を四冊ほど作っていたので、毎週グラビア・ページの撮影があり、モデル、カメラマン、メイク、スタイリストを手配して、スタジオを借りて撮影。このパターンは巻頭グラビアですね。モデルも知名度のある人たち。

中の方のページは、同じ撮影でもハウ・ツー・セックス特集だったり、もっと直接的に読者の煽情をあおるドエロなグラビア、はたまた、お尻特集のようなフェチっぽいページです。こちらの撮影のモデルさんたちはページの趣旨に応じて都合よく「真理子」とか「明美」と名前がつけられる、いわゆる「企画モデル」さんたち。

思い出話で恐縮ですが、エロ本を何冊か手に取ると、出ているのは同じモデルさんなのに、名前が全部違うなんてこともありました。

そして、巻頭やら企画ページやらの撮影に出かけ、ディレクション。現像してあがってきた写真を選ぶのも編集者の仕事です。

現場でもアレ（無修正）を見て、写真選びでもアレ（無修正）を見て、印刷前の校正でもアレ（無修正）を見てと、毎日がアレの日々。エロ本の編集者というのは、世界で一番アレを見た人なのです。

AVも無修正でアレを見るでしょ？　いやいや、雑誌のページ数とそこに登場するハダカのモデルさんたちの人数を想像してください。エロ本屋さんこそアレの人類最多目撃者なのです。

撮影だけではありません。風俗やAV現場（まだVHSの時代ですが）の取材、ビニ本や裏本の紹介、マニアの皆さんの投稿写真の整理などエロ本編集者の一日は実に多岐にわたります。

大洋書房、三和出版、東京三世社といったエロ本出版社からいわゆる「冊受け」で仕事を発注され、その予算の中で利益を出していきます。当時は一冊三百万円ほどもらいましたので、そのつど百万円ほどが粗利益になったでしょうか。

エロ本がすたれ始めた二〇一〇年代になると、一冊一五〇万円ほどになりました。これでは、編集プロダクションの方もすたれます。

私が監督になったのは、まだかろうじて雑誌が元気だった時代で、グラビアの撮影をしているうちに、動くハダカも見たい、撮りたいと欲が出てきたんですね。

監督デビューの顛末については別項で書いていますが、RASHがAVの制作会社としてスムーズに出発できたのは、編集プロダクションとしてエロ本を何年も作ってきた実績があったからですね。

すでにモノを作るための会社はあって、作るものが雑誌からビデオ（映像）に変わっただけ。仕事の受注形式は、「箱受け」。雑誌の「冊受け」とほぼ同じスタイルです。要するに、予算をこれだけ出すから、あとは適当にやっといてというスタイル。

違いは、AVの場合は女優の出演料は発注元がもつことでしょうか。

ともあれ、AVの制作会社を始める時には、すでに社内に大人のおもちゃ一式、コンドーム、ローション、パンティにブラジャー、撮影に必要なものはすべてそろっていたのでした。

AV制作会社RASHは、このようにして船出したのでした。

某月某日

我がデビュー作は『ダイナマイトスペルマ』

監督って何をする人なんですか？　と、飲み屋で隣になった人からこんな質問をされることがよくあります。

「台本は書くのですか」

ともよく聞かれます。もちろん、台本も書きますよ。ついでに言うなら、編集もします。商業映画だと監督、脚本、編集はたいてい分業制になっていますが、ＡＶの場合は一人で全部するのが基本。まるで自主映画のノリですね。

とはいえ、編集に関しては編集ソフトを使うという、演出とは別のスキルが必要になるので、パソコンが苦手な監督や、オペレーティング作業の遅い監督は編集マンにまかせる場合もあります。また、月に何本も撮影する忙しい監督はその傾向にあるかもしれません。

私の場合は、人に編集を依頼するお金がないので、自分でやる派です。ローンで買った高スペック・パソコン一台にエディウスという編集ソフトを入れて日々編集しております。撮影の後はこの作業に四日ほど使います。

実は、この編集作業は映像の収録方法がアナログからデジタルへと変わった二十数年前に大きな変化がありました。

今はパソコンでデジタル編集ですが、テープ時代の編集は、二台のデッキを使ってテープからテープへ映像をコピーする方法でした。音楽で言えば、ダブルカセットデッキで音楽を編集して楽しんだ、あの感覚です。

家や事務所でコツコツ作業をして、カットした場所のタイムコードをシートに書き出し、それを編集スタジオに持って行き、専門のオペレーターに正式に映像をつないでもらう。とても四日でできる仕事ではありませんね。

八九年にデビュー作を撮影した時は、当然、編集のことなど何も知りませんでした。にもかかわらず、大胆にも当時のAVメーカー各社に監督営業をできたのは、後藤さんという変わった人が入社したことがきっかけでした。

朝日新聞の求人欄を見て面接にやってきた後藤さんは（新聞の求人というだけで時代を感じますね）、私と同じ年頃にもかかわらず、そして何より初対面であるにもかか

わらず、

「ラッシャーがAVやりたいなら、僕が支えてあげるよ」

初対面の人から、しかも面接で「ラッシャー」と呼び捨てにされたのは、後にも先にもこの一回だけです。

不快でしたが、AV監督になりたかった時期でもあり、採用。

歓迎会の酒席で、後藤さん、早くもいかがわしさを全開させます。白いホットパンツに白いソックス。顔にはほんのりお化粧。まあ、多様性の時代にこんなことを書くとアレですが、でも、やはり当時は、なんだろうこの人？ とは思いました。そして、言うことが、

「尾崎豊のプロモーション・ビデオを作った時はさあ」

「みんなは知らないけど、YMOに音楽的影響与えたのは僕なんだよね」

「寺山修司が調子悪くて脚本を書けなかった時には、よく僕が書いていたなあ」

ついに、話は世界に広がり、アメリカで詩人のギンズバーグや作家のバロウズと親交を深めた時の話になります。

元からいる社員が不安そうに耳打ちします。

「この人、頭、大丈夫ですか？」

とはいえ、後藤さんのハッタリというかウソのおかげで、私が監督になれたのだから後藤さんは恩人です。

後藤さんが、自信満々に言ったのが、編集は僕にまかせてラッシャーは演出に専念したまえでした。ラッシャーは、雑誌のグラビア・ページの撮影を仕切ってきたのだから、動画も同じだよでした。ラッシャー、ラッシャーとまた呼び捨て。えらそうなヤツだ。

きっとすごい編集マンなのに違いない。

それで、私はＡＶメーカーに営業に出かけ、あるメーカーのプロデューサーＨ氏と出会い、監督報酬なしというタダの条件付きでデビュー作を撮らせてもらったのでした。

初めての撮影は緊張しました。撮影スタッフなど知りませんから、すべてＨ氏が声をかけて集まった人々。気にいらない俳優の頭にライトをわざと落とす照明マン、指示があいまいだとキレるカメラマン、などの都市伝説がまだ残っていた時代です。

完全なアウェーの中、頼れるのは口をとんがらせて斜に構えている後藤さんだけ。

初演出の最初の言葉は、「ヨーイ、スタート！」です。これがないと始まりません。

今でこそ、笑い声で「ヨーイ、ドン！」が口癖の私ですが、この時は緊張しすぎて。

「よ、よ〜よい、すたぁぁぁと」

声が裏返り、あまりのぶざまさに穴があったら入りたい気分になりましたが、時間経過とともに調子も出てきて、撮影は無事終了。

デビュー作は『ダイナマイトスペルマ』といいます。アマゾンの内容紹介には「バイブで腰をガクガクさせながらもう一人の男優さんのチ○ポをパックシ！スペルママラソンはおいしそ〜。最後は本気汁で昇天！」と出てきますね。ちょっと違うんだけど（笑）。

撮影した素材テープ（業務用ベータカムテープ）をいったんH氏に持って帰ってもらい、後日、プリ編用にとVHSにダビングしてもらった素材を後藤さんに渡します。プリ編というのは、スタジオ編集の前にする、先に書いたダブルデッキによるテープの編集とタイム・コード作りです。

そして、二週間後。指定の時間に私、H氏、その部下の人、後藤さんがスタジオに集まり、いよいよマスター編集となりました。オペレーターさんが言います。

「では、タイム・コードを書きこんだシートをいただけますか」

H氏と、その部下の人が私の顔を見ます。私は私で後藤さんの顔を見ます。後藤さんはプイと横を向きます。

「あ、あの、シートとかいうやつは？」

後藤さんの返事がよかったですね。

「それ、なんですか？」

オペレーターさんが驚いて言います。

「それがなかったら、僕、映像つなげないです」

「あ〜。僕のやり方とは違うんですね」

では、プリ編をしていなかったのかというと、そういうわけでもなく、後藤さんはちゃんとプリ編したVHSテープを持ってきていました。

つまり、趣味のマイ・コレクションと同じようなものがそこにあったわけです。

「これでどうしろ、と」とオペレーターさん。

結論から言うと、後藤さんはプロの編集作業の手順をまったく知らない素人だったのです。

皆で後藤さんのテープを見ながら、カットした場所のタイム・コードをシートに書き出して、なんとか事なきを得たのですが。

「AVの編集はおもしろいねぇ」とあくまで非を認めない後藤さん。この後、ますます後藤さんの素人ぶりが判明して、なんのことはない私が編集した方がはるかに早くて、うまいことが判明。この時のトレーニングのおかげで、ＰＣ時代となった今現在も私は現役の編集マンでいられるというわけです。

某月某日 「ザーメン物の元祖」と呼ばれてしまい

一九八九年の監督デビュー作『ダイナマイトスペルマ』をご縁に、Hさんのメーカーで私の監督修行が始まりました。メーカーはS社といい、当時クリスタル映像や宇宙企画といった誰でも知っている大手に比べると小さなメーカーでしたが、それでもエロに不況なしと言われた時代で、社内は活気にあふれていました。ＡＶがまだレンタルの時代です。

ここで二年ほど新人監督として毎月作品をリリースしました。メーカーの規模が小さい分、ギャラの高い有名女優は使わず、無名の女優さんを使った企画物が主流です。

私は「ザーメン物の元祖」などと呼ばれることがありますが、それらはここで実験的に始めたものでした。

あとは、やたら野外露出を撮っていましたね。今では考えられないことですが、山手通りで女優さんを全裸で立たせてみたり、明治通りの歩道橋でオナニーをさせてみたり、新宿西口ビル街の真ん中で女優さんを紅白の横断幕で囲ってフェラなんてものも撮影しました。

きわめつけは山手線の中……、さらにはアルタの前で障壁もなしにフェラ……。やめときましょうね。

ところで、Hさんとの出会いによって監督デビューしたと書きましたが、これも本当は簡単なことではありませんでした。

その頃のAV監督は映画関係者かテレビ関係者、映像のプロたちが道をはずして（失礼）こちらの業界にきていたので、私のような素人はどのメーカーに営業をかけてもけんもほろろに断られたのです。

「ラッシャーさん、あなたが面白いのはわかるけど、映像撮ったことのない人に撮影をまかせられないでしょ」

Hさんにも最初同じことを言われました。

そこで、思い切って言ってみましたね。

「Hさん、タダでもいいので撮らせてください」

すると、Hさんの目がキラリンと光って。

「本当ですか。それ本当ですか。では、ぜひお願いしましょう！」

Hさん、目先の金に弱すぎる性格だったようで、先に書いた「タダで監督デビュー」というのはこういうことです。

ところで、Hさん、さすがにタダでは悪いと思ったのか、後にマクドナルドのハンバーガーのタダ券を三十枚くれました。でも、私としては、マクドナルドのタダ券よりもAV監督への通行手形をもらったことの方が感謝にたえません。

S社で撮影をしている間に、色々なメーカーから監督のオファーが来るようになりました。クリスタル映像、KUKI、キャンディー、シネマサプライ、V&Rプランニング。

まさに躍進です。私の隣には、いつもしかめつら顔をした後藤さん。今では立派なプロデューサーに。

「ラッシャーさあ、僕がどんどん仕事を取ってくるから、メジャーになればいいよ」

おかしいなあ、仕事の依頼はいつも私に直接電話がかかってくるんだけど。

こんな滑り出しから、時は流れレンタル・ビデオの時代が終わり、セル・ビデオの時代がやってきます。もっとも有名なメーカーが、あの高橋がなりさんが社長をしていたソフト・オン・デマンドという会社ですね。

高橋さんやスタッフの皆さんはもともとがテレビ関係ということで、AV業界にツテがあまりなく、当時、レンタルAVで活躍していた監督たちが何名か呼ばれました。活躍していたわけではないけれど、私も呼ばれた中の一人です。

最初に監督した作品が『脚フェチ五〇〇万!』。なんと制作費としてもらったのが五〇〇万円です。

それまで、一〇〇万円で作品を作っていたのに、こんな大金何に使えば……。どう使っていいのかわからなかったので、とにかく必要もない出演者をいっぱい呼んでギャラを払って使い切りました。懐に入れて、銀座で飲んでしまえばいいものを、まじめに使い切るあたりが小物です。

それで、つけたタイトルが「脚フェチ五〇〇万!」。五〇〇万円がよほど衝撃的だったのでしょうか。

こうして、レンタルからセルへという変革期を無事に生き残り、VHSからDVD、つまりアナログからデジタルへという変革期も生き残り、現在も監督として現場に立ち、AVメーカー、AV制作会社RASHの代表として日々走り回っているのが私です。五〇〇万円、今だったらどう使っただろう……。まだそんなことを思います。

某月某日

AV誕生元年は一九八一年だった!

本日は、AVの歴史を簡単に振り返ってみたいと思います。AVといっても、その言葉で頭に浮かぶイメージは世代によってバラバラ。五〇代、六〇代の人なら、やっぱりあの人物! 白ブリーフでカメラをかついだ村西監督。まだVHSビデオの時代ですから、ビデオ・レンタル屋さんでこっそり借りて、シコシコと実用に供した青春の日々が懐かしいでしょう。結婚してからも、奥さんや子供の目を盗んで借りてきてみたこともありますよね。

しかし、それから一〇年もするとVHSはDVDとなり、視聴形式もレンタルから購入へ。

　AVは借りるものだという常識と、AVは買うものだという常識ではまったく別物。そして、現在ともなるとAVはDVDで見るものではなくて、配信で見るものとなっています。その間、三〇数年でAVはどんなふうに変わってきたのでしょう。

　スタッフのクリちゃんとお話しする形で振り返ってみましょう。クリちゃんは先日AV監督デビューしたばかりの二五歳。AV好きにして、歴史にも詳しい女子です。インタビュアーという大役をおまかせします。

クリ　みよしさんが監督を始めたのは、どんな時代だったんですか。
みよし　年で言うと一九八九年。AVの誕生は一九八一年と言われているから、世の中に定着して、人気が出始めた頃かな。宇宙企画、VIP、KUKI、芳友舎、クリスタル映像なんかが有名でしたね。
クリ　知ってる。宇宙企画って美少女路線の走りなんですよね。
みよし　一九八三年の田所裕美子主演の『ミス本番・裕美子19歳』がすごく売れて、AVが認知されたんだよね。怪しいだけじゃなくて、可愛い子が普通に出てるんだって。創業者は美少女系グラビア誌で有名だった英知出版を作った人だから、美少女物得意だったんだろうね。

クリ　みよしさんのデビューする少し前ですね。私も見ましたが、今のＡＶの美少女とだいぶ違いますね。今はあんまり美少女とか言わないけど。

みよし　そりゃまあ時代ですからね。少し可愛いだけでも、ＡＶでは衝撃的に可愛かったわけですから。

クリ　そんな子が本番をやっているというのが衝撃だったわけですね。

みよし　そうですね。でも、本当だったんですかね。

クリ　と言いますと？

みよし　あ、そうか。クリちゃんにとってはＡＶって本番が当たり前なんだ。でもね、ビデ倫、ＶＨＳ時代は全部が全部本番じゃなかったんだよ

クリ　前張りですか。

みよし　ピンク映画じゃないんだから。ＡＶの場合は、巨大なモザイクがありましたから。ハッキリ言って、モザイクの向こうで何が行われているかなんてわからなかったわけです。宇宙企画のこれがどうだったかは知らないけど、いわゆる単体系と呼ばれた女優さんたちは（六十八頁参照）本番やってなかったね。

クリ　だから逆にタイトルや話題に本番が多かったんですね。この頃、映画でも『白

日夢』なんかは本番が話題になっていましたね。

みよし　いわゆる企画物というジャンルでは大体やっていたんだけどね。

クリ　盗撮物とかナンパ物、ハメ撮りですね。

みよし　そうそう。女優の名前が出てこないような作品。でも、女優の名前がバーンッと出てくるようなのは、もう、NGだらけで。

クリ　本番NG。

みよし　甘い。フェラNG、バイブNG。体位もNGがあるんだよ。そういえば、私の体験だけどバックNGという女優さんがいたな。女優さんというかNGを言うのはマネージャーなんだけど。

クリ　え？　なんでバック体位がNGなんですか？

みよし　獣のような体位を女優に指示して、頭おかしくないですかって言われた。

クリ　うそでしょ。お腹痛い！

みよし　往年の大女優Mさんが二〇年ぶりに再デビューした時に聞いたんだけど、現役当時の頃、彼女などダントツのビッグネームでしたから、全部NGだったって。フェラ・シーンもディルド（張形）をくわえていたそうな。復帰したらセックスができるから最高！　と喜んでらっしゃったよ。

クリ　へえ～、今では想像もできませんね。

みよし　なのにギャラはすごかったらしい。Mさんに聞いたら、ほしい時にほしいだけもらっていたって。他の女優さんだけど一本五百万円なんて聞いたこともある。一方で、内容がハードな企画女優さんたちは、SMをやっても一本一〇万円とかね（笑）。

クリ　ギャラって内容で決まるんじゃないんですね。

みよし　そうですね。えっと、黒木香さんっていつだっけ？

クリ　話題になった『SMぽいの好き』が八六年発売になっていますね。

みよし　村西監督の作品ね。AVを見たことがない人でも、村西監督と黒木さんだけは知っているもんね。

クリ　これは本番だったんですか。

みよし　これは本番だった。しかも、女性の方から積極的にセックスを楽しんでいるというのが新しくて話題になったんだよ。

クリ　今だと、AVの主流って痴女じゃないですか。当時は女性の側から積極的という作品はなかったのですか？

みよし　当時でも人妻や、女上司が誘惑して……という痴女っぽい設定はあったけれど、でも、いざ行為が始まると「やられてアヘアヘ言う女」になっちゃうから。

クリ　他に今当たり前で、当時当たり前じゃなかったものってなんですか？

みよし　痴女。チ〇ポ、マ〇コと口にすること。顔射。フェラ。

クリ　フェラもなかったんですか！

みよし　ないわけじゃないけど、テーマとしては存在してなかったね。でも、このすぐあとに「淫乱路線」というのがやってくるんだ。黒木さんの作品の流れだよね。

クリ　女も求める！

みよし　咲田葵、沖田ゆかり、そして豊丸。

クリ　イグーッ、イグーッ！

みよし　さすがクリちゃん、よく知ってるねぇ。

クリ　でも、セックスそのものは受け身なんですね（笑）。

みよし　快楽をむさぼるという意味では、とても新しかったけれど、淫乱と痴女の違いっておもしろいよね。そのへんは、あとで考えましょう。で、これから九十年代に向けて、美少女路線と、この淫乱路線がＡＶの二つの潮流になっていく、と。九〇年代になると、村上麗奈、小林ひとみ、朝岡実嶺といった五〇代の男性陣にはなじみの女優さんたちが出てくるけれど、この頃からソフト路線でも本番する人はするようになって、ＡＶは本番が常識になったかな。

某月某日

素人に「ミッション・インポッシブル」を求めたことも

クリ　前回は、レンタル時代のAVでしたよね。
みよし　定価を見ると一万五千九百八十円とかね。誰が買うんだというと、レンタル・ショップが買って、それを我々が五百円とかで借りていたわけね。
クリ　それが、九〇年代になると、AVは借りるものではなくて、買うものになった。
みよし　「ビデオ安売王」という名前聞いたことある？
クリ　ないです。
みよし　今までのAVメーカーと全然別のところから、AVを千円台で販売する店が現れて、瞬く間にチェーン展開していったんだよね。一九九三年に一号店が出て、一九九五年には一千店舗。レンタルではなくて、ビデオをお客さんが直接買うスタイルで、この後、AVは買うものになったんだよ。
クリ　内容的にはどうだったんですか。

みよし　……。

クリ　なんですか？

みよし　ま、適当なのが多かったかな。既存のレンタル系AVメーカーから目の敵にされていてね、いい監督、制作会社がかかわれなかったから。私なんかも、言われましたよ。あそこの作品撮るんだったら、うちは出禁、て。そういえば、ソフト・オン・デマンドが世に出て、自分も参加しようとした時も、似たようなことを言われたなあ。ビデオ安売王からの流れでソフト・オン・デマンドが出てきたから、最初は風当りが強かったみたい。でも、これでセル・ビデオというジャンルが確立しました。

クリ　勢いがありましたよね。

みよし　創立の頃にかかわったテリー伊藤さんとか、社長の高橋がなりさんとか、みんなテレビ畑の人たちだったから、バラエティーっぽいAVが多かったね。女優が全裸でスポーツする「全裸スポーツ」シリーズとか、『地上20メートル空中ファック』とか、エロくないけれどおもしろい作品が多かった。

クリ　「マジックミラー号」もソフト・オン・デマンドですよね。

みよし　そう！『地上20メートル空中ファック』が製作費をすごくかけたのに全然売れなくて、会社がつぶれそうになった時に、これが登場して生き返ったというシリーズ。最初の作品から二六年たっているのに、まだ人気あるものね。

クリ　素人ナンパ物の変形みたいなものでしょ。あれ、ホント？　というのが、みんなの疑問でしたけど。

みよし　ホント、ホント。あれはねえ、大変だったのよ。男優がナンパするパターンとスタッフが出演をお願いするパターンがあったんだけど、私も何作か監督しているけれど、私のはソフト・オン・デマンドの社員が総出で街に出て女の子に声かけてくるのよ。で、一応、ちゃんと出演の承諾書もらって、ミラー号に入ってもらってからが私の仕事。だって、普通の女の子に顔射させろって、ミッション・インポッシブルだぜ（笑）。

クリ　ＯＫするんですか？

みよし　いや、それが……女の子ってやさしいんだよね。泣きそうになってお願いすると、最後は「いいですよ」と了解してくれる。それを一日中やっているので、帰る頃にはヘトヘトです。まあ、今のコンプライアンスの時代だと問題あるのかもしれないけどね。

クリ　本当だったって意外でした。あの頃、ナンパ物ってはやってたように思いますが、全部本当だったんですかね。

みよし　それはいろいろだよね。こだわるところは本当だし、名前のない女優さんを使うことも多かった。とにかく、有名な女優さんはギャラが高すぎたから、製作費を抑えるのにナンパ物とかシロウト物の流行は、メーカーにはありがたかったんじゃないですかね。この時期は、ジャンルも爆発的に増えた。ナンパ、盗撮、足フェチ、痴漢、巨乳、熟女、ロリ、野外、ザーメン。

クリ　女優で言うと？

みよし　北原梨奈、夕樹舞子、麻生早苗、星野杏里、小室友里、瞳リョウ、森下くるみ。森下くるみは、かなり有名じゃないかな。

クリ　あと、二〇〇〇年あたりになると、ＤＶＤが出てきますよね。

みよし　ＤＶＤってテープみたいになめらかに早送りできなくて、コマが飛ぶから見たいところをピンポイントで見るのには不便だったよね。

クリ　ＤＶＤの感想ってそこですか？

みよし　いや、エッチなものって、こういうところが大事じゃない。昔ね、会社の仮眠室にビデオ・デッキが置いてあって、私、オナニーした後うっかりそのままにしていたことがあったんだよ。そしたら、次の日にそれを見た同僚が、みよしさんあんなところで抜いていたんですね、て。作品が何かというのは恥ずかしくないけど、ここで抜いたというのをピンポイントで指摘されるのは恥ずかしいよね。特に変なところだと。

クリ　そういうこと以外で何かないんですか。

みよし　ごめん、ごめん。AVがVHSからDVDになって大きく変わったのは、長さだよね。VHSって基本は五〇分。V&Rプランニングのように尺数関係なしに長い作品を出していたところもあったけれど、ほとんどのメーカーは五〇分だった。ダビング用のテープの単価が六〇分以内かどうかで違ったからだろうね。それがDVDになったら、もう物理的な長さなんて関係ないから一二〇分が基本になった。

クリ　監督の立場からは、それは大きな変化だったのですか？

みよし　慣れてしまえばどうってことないけど、一番最初にDVD作品を撮った時は、こんなにセックス・シーンが長くていいのかとは思ったね。だって、VHSと構成は同じで、たとえば四コーナーだとしたら、一つのコーナーが十五分前後から三十分に伸びるでしょ。前までは、セックスを細かくカットしてつないでいたのが、そのままドーンと使うから。

クリ　それで言うと、逆に一つのカラミが十数分って短すぎないですか？

みよし　そうだよね、フェラしてクンニして挿入して十数分？　みじか！　今なら短いなあと思うけど、でも、あの時は、DVDってこんなに長くていいのかなと思ったね。
クリ　あと、やたら特典映像とか、メイキングとか、おまけがついていたのも覚えています。
みよし　でも、結局そういうのは一過性のもので、最終的には本編一二〇分というところに落ち着いたね。
クリ　DVD時代の女優といえば？
みよし　明日香キララ、蒼井そら、吉沢明歩……。
クリ　わあ、だんだん女優さんが身近になってきた。

某月某日

「ゼロコロナ」より恐い「ゼロ出演強要」の杓子定規

クリ　今日は、AVの歴史・現在編ですが、なんか最近忙しいですよね。
みよし　おかげさまで、痴女物がはやっているから痴女物が得意な我々としては時流に乗っている感じはあるよね。

クリ　AVの現在は、痴女ですか。そう言われると、なんかAVって全部痴女ですよね。

みよし　そんなことないでしょ。

クリ　そうですか。気弱なM男を一日連れ歩いて抜きまくりましたとか、エロい女上司が不器用な僕にセックスのやりかたを教えてくれましたとか、超絶ボディのお姉さん二人が童貞同然の僕を挟み撃ちで何回も射精させました、みたいなのばかりですよ。男子が弱くて、エロは女子！　という時代を反映しているんじゃないですか。

みよし　まあ、痴女物が多いのは確かだけど、シロウト・ナンパ物も根強い人気だよ。シロウトに対するファンタジーって、不滅なんだよね。S系のオス型ユーザーはシロウト物。M系の草食型ユーザーは痴女物という風にすみわけが進んでいるのかもしれない。そこに、巨乳物とかお尻物といったフェチAVがまざり、独立系の熟女が一大勢力を誇るというのが、ここ一〇年の傾向かも。

クリ　熟女女優さんって息が長いですよねえ。風間ゆみさん、川上ゆうさん、翔田《しょうだ》千里さん……。一〇年以上たっても、全然劣化なし。

みよし　デビューの頃から、彼女たちは熟女売りだったというのがおもしろいけどね。なんか、今はメーカー乱立という時代が終わって、大手中心に落ち着いた市場のイメージだね。

クリ　あと、二〇〇〇年はレンタルからDVDへという転換がありましたが、AVは手に取って買う時代から配信、ダウンロードの時代になりましたね。

みよし　そうそう。DVDを買う人は、もう少数派になってきたね。クリちゃんはよくAV見ているけど、やはり配信で？

クリ　そうですね。この会社に入る前は（シロウトの時代は）、毎月四、五本ダウンロードして見ていましたよ。

みよし　最近、女の子ってやたらにAVに詳しいけど、みんな見ているみたいだね。

クリ　まわりでも、配信でみんな見るようになりましたね。この間、〇〇（大手配信サイト）の営業の人が配信でAVを見ている人の四割が女性だと言ってましたよね。

みよし　昔は、女の人がAVを見たと言うと、たいていは、彼氏と入ったラブホテルで一緒に見たというのが定番だったけど。

クリ　ショップでDVDを買う人は男性が百パーセント。配信だとそれが六対四ぐらいになるんですね。誰も気づかれずに、スマホでこっそり見れるようになったのが大きいですよね。

みよし　クリちゃんは、どんなの見るの？

クリ　私は痴女物とか、あと、クンニ・シーンが出てくるものですね。あの、個人的に顔騎《がんき》（男のお顔にまたがって、ご奉仕させるプレイ）が好きなんで……。

みよし　なんか隣に座っている人から赤裸々な話を聞くと赤面しますな。

クリ　よく言いますよ。

みよし　イケメンが出てくる、ラブラブなきれいなものじゃないんだね。

クリ　それ、偏見ですよ（笑）。昔は、女はきれいなものが好きだ……と思われていた時代があったそうですね。配信サイトの検索ワードのランキングを見たことありますか？　女性の検索ワードの上位、痴漢とかレイプ、ＳＭですよ。私の好きなクンニは一位。いわゆる「女性向け」のＡＶだけではないんですよ。

みよし　それは目からうろこだなあ。ＡＶって男女の境がなくなって、完全に日本人の国民的エンターテイメントになっているというわけだね。

クリ　そうなんです。なのに、ＡＶを目の敵にする人がいるのもどうかなって。

みよし　ああ……。今さら、なんで目くじらたてるんだろうね。みんなが認知している世界なのに。

クリ　最近できたＡＶ新法って、出演強要被害者を守るのは正しいことだと思うけれど、当事者たちからのヒアリングをしないでルールを決めたから当事者たちを苦しめていませんか。

みよし　わざわざAVを目の敵にして得する人もさしていないと思うから、AV新法にかかわった人たちって本当にAVが嫌いなんだろうか？（笑）クリちゃんは、国会の会議室でおこなわれた公聴会に行って、発言もしてきたよね。

クリ　あれは、業界の人たちが国会に場を設けて、国会議員に話を聞いてもらおうと言う趣旨だったみたいですが、国会議員は一人しか来なかった。

みよし　それでも、マスコミは来ていたから、少しは外に向けて発信できた？

クリ　そうですね。私たちはただハダカになることではなくて、パフォーマンスを通して性を表現することで初めて評価されるエンターテイナーなのだと言ったAV女優さんがいましたけど、反対する人たちに聞いてもらいたかったですね。

みよし　AVを悪だとみなす人たちは、AVってセックスをしたらそれで商品になるんだ……って、AV女優や制作者のことをバカにしているんだろうね。性の世界は奥が深くて、そんなに単純なものじゃないのになあ。

クリ　そうなんですよ。AV女優はメンヘラで、発達障害で、判断能力がないから自分の意志でAVに出ると言っても、それは勘違いなんだと、本気で言ってる人がいますからね。

みよし　すごい！　ＡＶ撮影が決まっても、考え直す時間が必要だから、一ヶ月はペンディング。撮影した後も、考え直す時間がいるから四ヶ月は発売してはいけません。新人さんならともかく、五年も十年もやっている人たちに「考え直すための四ヶ月」って必要なのかね。

クリ　法律やルールは必要かもしれないけれど、当事者の話を一切聞かないから、こういう妄想のような法律になるんですよ。一体誰のための、なんのための法律なんでしょうね。

みよし　私ね、警察が圧力かけてくるなら納得できるのよ。それは彼らの仕事だから。でも、なんで人権とか言ってる人たちに弾圧されるのかわかんない。女優さんたちも含めて、我々を苦しめないで。

クリ　あ、泣き顔になってる。

みよし　いや、やるせないんですよ。毎日を一生懸命生きている人たちがいて、そのおかげで笑顔になる人たちがたくさんいるのに、一部のしょっぱい人が彼女ら、彼らの生きる邪魔をする。

クリ　あ〜、一度現場を見にくればいいのにねえ。

みよし　いやいやいや、もともと性に対して嫌悪感の塊だから、現場来たらオエッと吐きますよ。あはは。

クリ　あはは。でも、例えば新人女優さんが活躍しにくいとか、ベテラン女優さんたちの仕事が減るという弊害は、笑ってられないですよ。

みよし　撮影一ヶ月前に同意書を交わして、変更は許されないという契約だから、出演者がコロナなんかで病気になったら、現場は終わり。以前のように、ピンチヒッターを使って撮影ということができなくなったから、緊急の単発仕事もなくなったしね……。「ゼロコロナ」より恐い「ゼロ出演強要被害者」の杓子定規の法律強制はやめてほしい。

クリ　あるプロデューサーの現場なんか、今月三本飛んだらしいですよ。

みよし　げげ。スタッフは無収入だよね。えぐいなあ。

クリ　急の現場が激減して、収入が普通のOLより少なくなったんだけど、それでAV女優……ておかしくない？　と嘆いていた女優さんもいましたよ。

みよし　今、AV女優になった人たちって、数年前まで契約書も性病検査もなかったなんて想像もできないだろね。契約書や検査はいいことだけど……。あるメーカーの契約書にさ、プロデューサーが「当日行う行為」の中にフェラを書き忘れて、撮影でフェラが撮れなかったというバカみたいな話があってさ、そうなると我々、なにやってるんですか？　って感じだよね。

クリ　みよしさんの現場でも似たようなことありましたね。現場での話し合いでなんとかならないんですか。

みよし　ならない。あはは……。

第二章

「半導体産業」より重要な「ＡＶ産業」に明日はある？

某月某日

ＡＶ新法下「生かさず殺さずの日々」

さて、ここまで読んできて、まさか俺もＡＶ監督になりたいと思った人はいないと思いますが、ＡＶメーカーならいいかも……と思った人はいるかもしれません。なんといっても、華やかな女優さんが出入りし、扱う商品はといえば一から百まで全部エッチなもの。

私、昔、雑誌のインタビューで答えたことがあります。

「ラッシャーさんって女性のハダカを生涯で何人ぐらい見たのでしょうね」

「いや、まだ生涯は終わっていませんが、多分、世界で一番裸体を見た千人には入るでしょうね」

というぐらいの仕事、環境です。それで生活ができ、あわよくば大儲けできれば、こんなにありがたい人生はありません。

というわけで、この章では、しばらくＡＶメーカーの話をすることにしましょう。

現在AVメーカーの数は二四二社。傘下に何社もかかえる大手メーカーのそれをひとつひとつ数え、さらに統計に出ないアンダーグラウンドなものを含めると三百社前後と思われます。年商何十億円の大企業から、数百万円の小さな会社（弊社）まで様々ですが、ここでは大企業を立ち上げようという人はいないでしょうから、我社の経験をもとに話を進めていきましょう。

私、AV監督の肩書ですが、小さなメーカー有限会社RASH（ラッシュ）の社長でもあります。作品リリースは、月一タイトル。年間の売り上げは、新作に関しては三百万円ぐらいです（過去作品の売り上げもありますから、実際の銀行への入金はもう少しありますが）。

もともと、雑誌の制作会社だったラッシュがAVメーカーになったのは、二〇〇九年。今から一四年ほど前のことです。AVの売り上げがどんどん落ちていた時期で、仲間からはなんで今AVメーカー？　とよく言われたものでした。しかし、この時すでに監督としては勢いもありましたし、撮りたいものを撮るためには自社メーカーが必要だったということもあり、あまり深く考えずにスタートさせたのでした。

それまでラッシュは雑誌の制作会社でしたから、雑誌や本を発行するのにはお金がかかるというのを知っていました。その基準で考えると、ＡＶのＤＶＤを発売するのはいと簡単。ある時、ラッシュの元社員が「社長！　ＡＶ作ったから宣伝してくださいよ」と、適当なパッケージのＤＶＤを持ってきました。

「ＡＶ作ったって、そんな簡単にできるの？」

「これ、一五万円ですよ」

説明してもらうと、モデル代に五万円。場所は自分のマンション。カメラ、照明機材は自分のもの。男優は自分。ま、言ってみれば現場費用は女優さんのギャラだけです。あとは、撮影したものにモザイクを入れて（これも自分）、ＤＶＤをプレスするためのマスター作り（オーサリングと言います）、ＤＶＤ盤面の実費とプレス代、パッケージの印刷代がかかるでしょうか。

元部下は器用な男で、オーサリングも自分でやってしまったので、外に払った費用は、盤面実費とプレス代、パッケージの紙代、印刷代ぐらい。これが一〇万円というわけです。

「何枚作ったの？」

「三百枚ですよ」

ほお、そんなに簡単に作れるものなのか。いたく感銘した私もさっそくＡＶを作ってみようと思い立ったわけです。

もっとも、AVを作ったからといって、それを売ってくれる会社が必要です。一般企業で言えば、取次、問屋にあたる会社ですね。元部下の場合は自分で都内のショップに持ち込むと言っていましたが、私は本業もあるのでそこまでの手間はかけられません。彼に紹介してもらって、取次会社の部長さんに会うことにしました。

「このたびAVメーカーを作ることにしまして」

「ほお、いいじゃないですか」

三百枚という数を言うと、せっかくメーカーを始めるのにもう少し欲を出したらどうですかと言われ、普通の小さなメーカーが発売している数という六百枚に変更。そうすると、盤面代、紙代、ケース代なども増えますから、撮影・編集後の実費部分を含めて、おおよそ一作品を出すのに一五万円。私の場合は、モザイク作業やオーサリング作業も外に出すのでこれが八万円。これに、撮影での費用をくわえて大体の予算が出るという次第です。

ラッシュの作品の場合、撮影に関する費用は次のような感じです。

女優費二〇万円

男優費　五万円
スタジオ　自社
スタッフ　自社
食事その他　三万円

まあ三〇万円前後が撮影のための予算です。一本を世に出すまで六〇万円。他社の場合ですと、これにスタジオ代の他、監督料、カメラマン代、AD代などのスタッフ代を追加してください。ラッシュは、私が監督でカメラをまわして、場所も自分のマンションで撮影するので、破格の低予算が成り立ったわけですね。

さて、DVDができあがると、全国のショップに商品が送られます。感動の一瞬です。取次の手数料は、三〇パーセント。三千円の商品（マニア物なので高め設定）が六百枚完売したら、百二十六万円の売り上げ！

そんなわけがありません。半分売れたら万々歳。後に倉庫代やその他経費も追加されてきますから、半分売れないと赤字です。

と、単品レベルでは常に赤字との闘いになるわけですが、商品数も増えてくればチリも積もれば……となり、たまには完売に近い商品も現れて、ホッと一息。ま、そんな感じで生かさず殺さずの江戸時代の農民身分のようなメーカー生活が始まりました（現在も続く）。

当時は撮影から発売までの期間は任意でしたので、急げば撮影後三カ月で売り上げが立ちましたが、例のAV新法で撮影から四カ月後でないと発売ができなくなったので、取次からの入金が始まるのは早くて六カ月後。しかし、ひとたびメーカーを始めて、取次と契約すると、毎月リリースをしないといけません。最初の入金まで半年、作品を作り続ける力があるかどうか。

今のラッシュでは絶対に我慢できません。まるで入金のないまま、六カ月もの間社員の給料、家賃、次の撮影費用を払わないといけません。

昔だからできたメーカー設立。今は多少の余裕をもって始めてください。

某月某日

撮影の必需品は「ペット用トイレシーツ」？

ＡＶ新法下でのメーカー立ち上げが大変なことは先に書きました。とはいえ、ワンオペ＝できることはできるだけ自分一人でする形であれば、まるで夢の話というわけでもありません。

今回は、ワンオペに近いスタイルでの「起業」を前提にして、会社で持っていないといけないものを説明いたします。どこかで書きましたが、ＲＡＳＨ（ラッシュ）はメーカーでもありますが、収入のメインは他メーカーの依頼を受けて撮影をする制作会社でもあります。制作会社として、様々なものを用意していますが、ワンオペ・メーカーの場合は、自分が自分の制作会社になると思いますので、うちの備品が参考になると思います。

・ＶＴＲカメラ　ソニーのＦＤＲ-ＡＸ60のような４Ｋ対応の民生機の高級機種をメ

インに一台。サブを一台。最近のＡＶ（適正ＡＶ）撮影は、撮影中のトラブル回避のために現場の様子を収録することになっているので、それ用にどうでもいいカメラを一台。あとは、盗撮風の映像を撮りたい時のためにゴープロのようなアクション・カメラ、自撮りデート・シーンのためにオズモのようなジンバル・カメラがあればなおよし。もちろん、最近のスマホの映像は業務用カメラに匹敵しますので、スマホも撮影道具として必須です。個人的感想ですが、私のソニーのカメラはズコバコ中の結合部をアップで撮ろうとするとピントがボケます。イヤなのでしょうか。もともとそんな下品なものを撮るようには設計されていないのでしょうね。それに比べるとキヤノンのカメラのピント力はすごいです。私はキヤノンを使っていますが、悲しいかなキヤノンさんは民生用ＶＴＲカメラを作らなくなってしまいました。潮まみれの愛機ｉＶＩＳ　ＨＦ20も壊れたら、何か考えないといけないですね。最近は一眼レフカメラで動画を撮るのが普通になってきていますので、かっこいいのがいい人はこちらを用意してください。

・照明機材　蛍光灯だとチカチカとフリッカーが出てうっとおしいのですが、ＬＥＤが主流になっている現代では、家庭の照明だけでも十分に撮影できます。しかし、女体を美しく撮りたい、雰囲気のある照明の中で撮影したいとなれば、やはり照明機材の二灯、三灯は備えておきます。昔は照明機材といえば高価でシロウトが手を出せるものではなく、また専門技術を必要としていましたが、今は二、三万円でそれなりのライトを買えるようになりました。あと、カメラに直接合体させるリング・ライトはAVに必須。もっとも卑猥なシステムがリングです。

・布類　なんだ？　と思われる方もいると思いますが、布類はAV撮影にとても大切なものです。昼の撮影なのに夜のシーンを撮るために必要な暗幕。逆に外からの日差しが強すぎる時に窓に貼る白布。半透明の梨地シートも役に立ちます。壁や備品の雰囲気を簡単に変えることができる色布、デザイン布。スタジオのベッドカバーは、潮だ、汗だ、汁だと様々な「不浄のもの」で汚れているので、洗濯を済ませたベッド・シーツや白布も常に現場に持参します。私の会社でも布類を入れる大きな専用バッグがあり、いつもパンパンに膨らんでいます。

・ジョイント・マット　またまた？印ですね。これも現場必須。カラミはベッドの上とは限りません。しかし、床の上やコンクリートの上では痛い、冷たいでパフォーマンスが落ちます。そこで活躍するのがジョイント・マット。これをさっとセットしてその上にラグなどを置けば快適な場所になるというわけです。

・ペット用トイレシーツ　現場では潮やオシッコなどで床がビショビショになること

がよくあります。そんな時にいちいち雑巾やタオルで拭いていたのでは要領、コスパが悪いです。ペット・シーツで一気にお掃除。

・女優セット　膣内洗浄商品、弱酸性ソープ、注射器型潤滑ゼリー、馬油、目薬、以上はセックス・シーンに必須の項目です。皆さん、これらをどう使うか想像をたくましくしてください。きっとエッチな姿が脳裏に浮かぶはずです。その他、胃薬、痛み止めなどは常に更新しています。

・ADセット　こちらはまったく色気のない話です。ガムテープ、ピンチ、ハサミ、ローションなどADさんが日常的に使うものをプラスチック・ケースなどに入れて運びます。

以上がスタンダードな備品となります。あとは、各撮影の用途に合わせて買い物をしたりレンタルをしたりするわけですね。さあ、部屋の中が物でいっぱいになってきました。

某月某日

「単体」「企画単体」「企画」と分かれる女優さん

とにもかくにも、撮影の準備ができました。いよいよ女優さんをキャスティングします。我々の目指すのは零細ワンオペAV会社ですから、当然のことながら「単体女優」さんには手が出ません。

女優さんには、業界用語で「単体」「企画単体」「企画」という三つのカテゴリーがあります。

単体というのは、メーカーと専属契約を結んでいる女優さんのこと。一年契約のこともあるし、五本、十本と本数で契約している場合もありますが、この間は他メーカーの作品には出演できません。他に出てはいけない……というのだから、その分の保証の意味もこめてかなりの高額オファーとなります。それだけにそれぞれのメーカーの旗艦女優という位置づけになります。一本あたり百万円から五百万円、もっと高い女優さんもいます。所属プロダクションとは折半というのが、一般的なので、この金額の半分が女優さんの取り分です。

昨今のように女優の権利が確立し、ギャラが契約書に明記されている時代と異なり、昔は、女優さんの取り分についての話はご法度でした。

大昔の話ですが、まだギャラがマネージャーに直接手渡しで支払われていた時代、喫茶店で領収書をもらう際に、女優さんがそれを見てしまったことがありました。

「今日の仕事一〇万円なんですか？」

「え？　なんで？」

「私、二万円しかもらってなくて……」

今はこんなことはなく、折半が常識です。

また、こんな逸話もあります。往年の単体女優・松本まりなさんに聞いたのですが、当時は一本いくらなどではなくて、欲しい時に欲しいだけもらっていた気がするとのこと。その額たるや、おそらく、想像を絶するものだったのでしょうね。

それはともかく、我々の会社にとっては専属契約など夢のまた夢。

続いて、企画単体。二〇年ほど前にはなかった言葉です。以前のAVでは、単体と企画しかありませんでした。企画女優というのは、集団痴女OLとか、集団コギャルのような大人数物、ナンパ物、盗撮物のようなシロウト物など、女優名の出てこない作品にキャスティングされる女優さんたちです。あるいは、SM作品のような特殊な作品に出演する女優さんたちも企画女優です。ようするに、女優の顔や名前で売る作品ではなく、企画で売る作品の女優さんたちが企画女優。ギャラは安いです。一番高くても二〇万円ほど(今でも)。ワンオペAVメーカーにも手が出せるお手頃価格でございます。

しかし、一〇年ほど前に新しいカテゴリーが登場します。企画女優の中でも、人気が出て、名前を憶えてもらえるような女優さんたちが現れます。単体ほどの商品力はないにしても、〇〇ちゃんだから買いたい、見たいという客層が誕生し、AV女優のひとつの勢力となっていきました。これが企画単体女優の始まりです。ギャラは企画女優よりも少し高くなりますが、それでも手が出ないというほどでもなく、くわえて、確実に数字を残すという、各メーカーにとってはとてもありがたい存在になりました。

企画単体女優は、それだけで一冊の本になりそうな物語の多いジャンルです。SNSの普及と共に、自らを発信し、仕事を一生懸命にこなすことで、リピートを勝ち取り、マネージャーまかせだったこの世界を「自立した女優の世界」に高めた功績があります。

企画単体女優は、カテゴリーとして確立した後、企画→企画単体という流れだけでなく、単体→企画単体という流れも生み、現在のAVを支える主力となりました。ショップに行って商品を眺めれば、ほとんどの作品が企画単体女優のものです。ギャラは彼女たちの旬度、人気度、知名度によってまちまちですが、百万円ということはなく、また二〇万円ということもなく、その間を推移しています。

ワンオペAVメーカーにとっては、無理をすればキャスティングができますし、ある程度の数字も残してくれる存在です。

・企画女優　集団企画作品が減り、シロウト物も企画単体予備軍にその場所を奪われ、特殊作品でさえ企画単体女優にキャスティングがシフトした現在、絶滅危惧種になりかけているのが企画女優です。二千人といわれるAV女優の中で数的なシェアは企画女優が圧倒していますが、実際は仕事がないため、一度も撮影しないまま消えていく人もいるぐらいです。

人数的には五パーセント程度の企画単体女優でAVは回っていると考えると、あらためて企画単体女優のすごさがわかりますね。

うちの会社の場合も、基本的にはこの企画単体女優さんで商品をまわしています。取次の営業さんと打ち合わせをしたり、仲のいい他メーカーのプロデューサーに売れ筋を聞いてみたりしながら、キャスティングします。

決して、好みだけではありません！

いや、それもあります、内緒。

そして、マネージャーさんに連絡。いよいよ、本格的に撮影の準備がはじまるのです。さっそく台本を書かねば。

某月某日

女優面接はエッチなプライバシーがいっぱい

大切なことを忘れていました。女優面接です。

これには二種類あり、一つは女優発掘型の面接。もう一つは、キャスティングを確定した上で内容を打ち合わせる面接です。

女優発掘型の面接というのは、新人女優や売り込みをしてきた女優さんとお話しすることで、大手のメーカーさんでは、毎日のようにこれをしています。

六本木に大きなメーカーがあるのですが、打ち合わせなどで行くと必ず、可愛かったり、きれいだったり、やたらエロい人と道ですれ違います。

「はは〜ん、面接の帰りだな」

建物の中に入ると、会議室や面接室があり、ガラス窓の向こうでなにやらプロデューサーと女優が談笑している風景を見ることができます。何を話しているのでしょう。

プロデューサー「今、看護師さんですよね。女優業とは両立させるんですか」

女優「そうですね。どちらの仕事も好きなので」

プロデューサー「でも、こんなエロい看護師さんいたら、患者さんに誘惑されないですか」

女優「患者さんはもともと元気ないですから、そんなことないですけど、医者はありますね。うちの病棟、ピンク病棟と呼ばれていて、だいたいの看護師が先生とやってるんですよ」

プロデューサー　「ええ！」

女優　「私もだいたいの先生とやりましたよ。手術室とかでも」

これは新人女優さんとプロデューサーの会話。

面接の前に、プロフィール・シートというものに生年月日や身長、スリーサイズ、好きな体位やNG行為など基本的なことを書きこんでもらい、それを見ながら話を進めていくわけですが、雑談になる頃からがプロデューサーの腕の見せどころです。その女優さんがどんな経験の持ち主かなどは、基本データ帖ではわからないからです。

プロデューサー　「彼氏とかいないんですか」

女優　「いますけど、それとこれは違うんです。あんまり勃たないし」

プロデューサー　「最近は草食男子が多いですものね」

女優　「違うんです。彼氏って六〇歳で」

プロデューサー　「ええ～！」

女優「超年上が好きなんですよ」
プロデューサー「でも、セックスできないとうまくいかないいんじゃないですか」
女優「セックスは外でできるから。彼氏には、私がいつもお口でしてあげるんです」
プロデューサー「それでいいんですか」
女優「してあげるのが好きなので」
プロデューサー「射精するんですか」
女優「私、フェラすごいと言われるんです。彼氏も一分もちませんね」

ここからくみ取れる情報は、彼女が看護師をしているのには性格的な必然性があり、とてつもないホスピタリティーの持ち主であること。ファザコンであること。フェラの達人であること。セックスに愛を求めていないこと、などです。

そこでプロデューサーは考えます。

年上のおじさんにとって天使のような女の子を

設定してみよう。カラミはもちろん入れるけれど、それより、いつでも、どこでもお口でサービスしてくれる女の子。やさしい痴女物かなあ……。

プロデューサー「いいですねえ。じゃあ、疲れたおじさんを癒してあげる作品はどうですか」

女優「うれしいです。それだったら無理しないでできそう」

これが採用前の面接です。ベテラン女優でも、こうした会話からまだ知られていない彼女の性格、体験を引き出して、作品にはめこむのが優秀なプロデューサーです。

私の会社では、こういう面接はあまりしません。一月に一本しか撮らないので、大半は撮影することにならない女優さんたちにわざわざ事務所にご足労いただくのも申し訳ないし、まして売上数の読めない新人さんの場合、そもそも撮影を起こす経済的余裕もありません。

私の会社での面接は、内容の打ち合わせのための面接です。売り上げが想像でき、仕事ぶりも高い評価を受けている女優さんに目星をつけ、ほぼ採用確定という状態からお会いします。

別に会わなくてもいいじゃん……という人もいますが、会わないとわからないことはいっぱいです。

先のメーカーさんでの面接風景と同じことがここでも展開されます。やはり本人のエピソードから台本を膨らませていくのは大切な作業です。

あと、単純に、どんな声の持ち主？　どんな表情、仕草をするの？　そんなことも台本を書く上で大切です。渋い低音の人に、妹キャラのようなセリフをつけたら変です。目力が強いなら、主観撮影が向いているかもしれません。

そういったことを知るのが私の面接。

あと、仲良くなっておくのも大切ですよ。現場で初めましてというのは、人見知りの人や緊張する人にはよくない環境です。

あ〜、このハゲの陽気なおっちゃんが監督なのね。これだったら一日楽しく仕事できそう……と思ってもらわないと。

実は、そう思っているのは私だけかも知れませんが（笑）。

某月某日

撮影日の二日前にこんな台本を発出します

出演女優も決まり、撮影日も決まると、いよいよ台本を書く段となります。また昔話で恐縮ですが、ほんの十年前でさえ、台本を渡すのは撮影当日などということがありました。そのもっと昔になると、企画も伝えていなかったりして、たとえば、カラミが二回と伝える程度。ドラマの撮影なのかドキュメントの撮影なのか、はたまた痴女か凌辱か……、何も知らないまま女優さんが現場に現れることも珍しくありませんでした。

「え～！　そんなの聞いてませ～ん！」

と絶叫するかと思いきや、もう慣れきっている女優さんは監督から撮影内容を聞き「あ、そうですか。わかりました」とさめたもの。

これでは、コンプライアンスの遵守、労働環境の改善が叫ばれても仕方ありません。

二〇一七年に「ＡＶ人権倫理機構」なるものが発足し、参加メーカーの間でＡＶ出演強要の他、仕事のオファーの仕方、撮影現場でのコンプライアンスの徹底などすべての問題が議論され改善されました。

以来、台本に関しても撮影日の四八時間前までに女優さんに見てもらうというルールができ、そこに書かれていないことをさせてはいけないということが決められました。

ま、四八時間前に渡しても、書いていないことをリクエストしまくっていたのでは、そもそも提出期限の意味がないですけれど。

というわけで、撮影日が決まったら、あらかじめ女優さんに了解してもらっている企画に肉付けしていきます。映像は得意でも、文字を書くということが苦手という監督は意外に多く、何日もかかる人も少なくありません。

「国語苦手だったんだよなあ」

そういう問題かなあ。台本は、自分の考えや自分の頭の中にある映像を人に伝えるための重要な道具です。長文が苦手なら、箇条書きでもOK。人に伝えるための言葉であれば、形式は何でもよいと思います。

お金があれば、人に頼んでもいいですが、そんなのもったいないですね。自分の見たいものですから、自分で書かないと。

ちなみに、台本の例として私のものを上げておきましょう。

［社長の愛人のくせにMの僕と関係もって退社後デート、ものすごいフェラと騎乗位で犯され続けた僕］主演女優・山田みよこ（仮）

監督／ラッシャーみよし　120分作品　2022年×月×日撮影　出演／山田みよこ（仮）

［内容］

たまたま自分の女性上司が社長の愛人だったことを知った僕。そのことに気づいた彼女からデートの誘いを受けます。彼女的には一発やらせて口止めするぐらいの気持ちだったのでしょうが、いざホテルに行ってみると僕がドMのド変態。M男とセックスするのにすっかりハマってしまい、愛人いるのにペット飼いという社内W淫行へ。新しい喜びを知った女上司の楽しくて仕方ない……というセックス・ライフのフェイク・ドキュメントです。痴女の誕生を描きます。

［AVにおける痴女のキャラクター］

一般的には痴女とは単純にセックス好きの積極的な女の人を指しますが、AVでは挿入が好きというより、男が我慢したり、切なくなったりする様子を見るのが好き……ぐらいの感覚でセルフ・プロデュースするとちょうどいい感じになります。

我慢させて、我慢させて、つらくて泣いちゃう男に「かわいい〜」と母性を刺激されて興奮します。

楽しくなっちゃった山田さんのしつこさ、粘着性、表情の変化などが本作の見どころになります。**↑ここがエロのポイント！**

SCENE1［山田さんの秘密］

・黒味にテロップ。

［上司の山田さんに呼び出されました。あのことなんだろうか……］

・外一。会社ビルエントランス。

僕が待っていると、山田さんが現れる。二人とも仕事スーツ。

山田「ごめんね、待たせちゃった？」

僕「い、いいえ、そんなことないです」

山田「ね、呼ばれた理由わかるよね」
僕「あ、あのことですか？」
山田「そうね……。それで、そのことなんだけど、今日、仕事の後あいてる？」
僕「は、はい」
山田「じゃ、ちょっとつきあって」
僕「はい……」

・黒味にテロップ。
[六時間後…]

・ラブホテル。
山田「驚いた？」
僕「こんなとこに、いいんですか？」
山田「うん、こういうことはさっさと済ませた方がいいと思ってね。私と社長のこと黙っていてくれる？」
僕「も、もちろんです」

・外二。

テロップ［一週間前］

山田さんと社長、腕を組んで歩いている。キスしたりして、怪しい。偶然その様子を見ている僕（カメラ）。

僕ONLY［僕、見てしまったんです。山田さんと社長が一緒にいるところ。その姿はまさに愛人の関係でした］

山田さん、僕に気がつく。

・ラブホテル（続き）。

僕「社長とはもう長いんですか？」

山田「もう二年くらいかな」

僕「山田さんみたいにきれいな人だったら、地位の高い男の人はほうっておかないですよね」

山田「そんなことないわよ」

僕「僕なんかにとっては雲の上の人です」

山田「そんなことより、一回だけさせてあげるから、社長とのことは内緒にしといてね」
全然がっついてこない僕に、山田さん不思議な顔。
山田「どうしたの？　したくないの？」
僕「そういうわけじゃないけど……」
ちょっとイラっとして、僕の服を脱がせ始める山田さん。
なんかなよなよしていて、女の子みたいな反応をする僕。乳首を触ると「アン」とか情けない声を出す。
山田「え？　なんなの？　女の子みたい」
僕「だって、乳首敏感なんです」
最初はとっととやらせて帰るつもりだったが、次第に面白くなってくる山田さん。
乳首責め↓フェラ
激しくすると何度もイキそうになる僕。
山田「はやい〜。もう少し我慢しなさいよ」
僕「はい！」
山田「はい！って、そんな返事あるの？　なに、あなたｗｗｗ」

さらにフェラを続けると、口の中に出してしまう僕。
手の平に精子を垂らす。

山田「あ〜、出した。しかも、口の中に」

僕「ごめんなさい、すぐきれいにします」

慌てて、ティッシュで山田さんの手をふく僕。
その様子をおもしろそうに見ている山田さん。

山田「ねえ、あなたってひょっとしてM男ってやつ？」

僕「え！　そ、そうなんです。実は僕Mなんです」

山田「へえ〜。私、初めて見た」

僕「社長はMじゃないんですか？」

山田「そんなわけないじゃん。社長は普通のスケベよ」

僕「で、ですよね。僕みたいな変態なわけないですよね」

山田「ねえねえ、Mってさ、どんなこと好きなの？」

僕「え、そんなこと言えませんよ」

山田「いいから。聞いてあげるよ」

僕、乳首が弱いこと、フェラでもすぐイクし、手コキなんかだともっとすぐにイっちゃうこと。でも、射精我慢とかさせられると興奮すること。正常位だと中折れしちゃうこと、騎乗位で犯されるしか能のないこと……などを厚かましい感じではなくて説明。それに従って、痴女っぽくプレイしていく山田さん。痴女の楽しさに目覚めたみたい。

騎乗位からの中出し搾り取り二連発。

僕「中に出しちゃったけど、いいんですか」

山田「大丈夫よ。社長ともいつもナマだから」

・黒味にテロップ

［ものすごく気持ちのいいマ○コでした。でも、山田さん、なんかM男が気に入ってしまったみたい］

SCENE2

［昼はお口我慢］

・黒味にテロップ

［翌日］

・外。

スーツ姿の二人。営業・打ち合わせが終わって帰社途中の様子。

山田「なかなか上手なプレゼンだったわよ。あの課長、なかなか手ごわいんだから」

僕「そうでしたね。山田さんの助けがなかったら、契約まとまりませんでしたよ」

山田「後輩の窮地を救うのは先輩の務めよ」

歩いている二人。山田さんの横顔。

僕ONLY「山田さんは、さすが社長の愛人になるだけのことはあって、仕事もすごくできるんです」

山田「さて、これからどうしようか」

僕「え？　会社に戻るんじゃないんですか」

山田「ん〜、どっしょうかな。私ね、ちょっとやってみたいことがあるんだ。いい？」

僕「な、なんですか、やってみたいことって」

山田さん、サクサクと歩いていく。後ろを追いかけていくと。

山田「こっち、こっち」

手招きされた先に公衆トイレ。
トイレの中でフェラされる僕。
山田「ちょっとドキドキするでしょ。声出しちゃダメよ」
僕「こ、こんなところで?」
山田「なんか私、変態かも。昨日、ちょっと気づいちゃった」
僕「え、え～」
山田「いろんなこと試させてね」
フェラで抜かれる僕(口内射精)。

SCENE3
[夜は手コキ我慢]
・エレベーター前。
会社のエレベーターの前というテイ。

パステル系の可愛いリボンで椅子に縛られている僕。ズボンからチ○ポが出ている。シャツも乳首をいじれるように前がはだけられている。

僕「山田さん、こんなところで……。誰か来たらまずいです」

山田「大丈夫よ。搬送関係もう終わってるから」
僕「でも、下にまだ営業の人とか」
山田「シー、聞こえるわよ」
僕「ちょっ、ちょっとまずいですってば」
山田「うるさいなあ。こうしちゃうよ」
目隠しをして、ストッキングで猿轡《さるぐつわ》。
乳首をいじりながら、チ◯ポをフェラしたり手コキしたり。
＊ここでのメインは手コキでの寸止めになります。何回（2回）も暴発する僕。
・黒味にテロップ
［そして、また連れ出された僕……］

SCENE4

［頭がバカになるSEX］
・ホテルのベッドルーム。
僕「山田さん、ぼ、僕、頭がおかしくなりそうです」
山田「そんな情けないこと言わないの。これは変態の私たちの秘密のデートよ」

僕　「デート？」

山田　「そうよ。もっともっと楽しもうよ」

六〇分かけて撮影するゆとりのSEX。

好奇心旺盛な山田さんが、いろんなプチ変態プレイを楽しんでみるという展開になります。

縄ではなく、身近なものを使っての目隠しや拘束。

大人のオモチャを試してみる。

みたいな流れから、

しつこい顔騎やクンニ。

乳首責め、フェラ、手コキで射精我慢。

山田　「我慢したらご褒美は生・中出しだからね」

僕　「え！　あの気持ちいいマ〇コにまた入れさせてもらえるのですか！」

山田　「そうよ……。何回でも出していいからね」

僕　「頑張ります！」

地獄の射精我慢。でも、フェラで一回ちびる僕。

山田「あ～、出しちゃった。今日はこれでおしまいかな」
僕「違います、違います。これは射精じゃなくて、ちびっただけです」
山田「ほんとう～？　ｗｗｗ」
　許してもらう僕。
　そして、頑張りとおした僕にようやくご褒美の生ハメ。
　騎乗位↓背面騎乗位↓バック↓中出し↓まだまだよ！と再び騎乗位挿入↓中出し↓一休み（といっても乳首を責められ、フェラをされる僕）↓再び、騎乗位挿入↓正常位↓中出し。終わったつもりの僕のチ〇ポをしごく山田さん。
僕「え～、もう出ません」
山田「そうなの。大好きな手でしてあげるから出してごらん。いっぱい残ってそうよ」
僕「そんなことありません」
　と抵抗するが、シコシコされて発射するといっぱい出る。
山田「あら～。すごい。嘘ついちゃダメじゃない」
僕「ごめんなさい」
　なんとなくうれしそうな山田さん。

某月某日

スーパー男優には「24時間の勃起力」が必要！

台本ができたらいよいよ撮影です。スタジオについては、台本を書く前に決めることもあれば、書いてから決めることもあります。

私の場合は、スタジオを決めていないと台本が書けません。頭の中に具体的な状況が浮かんでこないと、芝居やセックスのディテールが書けないからですね。

ドアってどちら側に開くんだっけ、じゃ女優さんが部屋に入るシーンはこちらからこう撮って……、システム・キッチンと壁の間が狭いから衣装が裸エプロンでもプリプリおケツが撮れないなあ……、あそこのスタジオはベッドのそばに椅子があったよな、あの椅子で立ちバックは自然だなあ……。

というぐらい、スタジオの細部は気になるところであります。ＡＶ監督といえども、少しは映像のことが気になるんですよ。

もちろん、学園物、病院物などのシチュエーション物の場合は、そういったセットのあるスタジオを決めておかないといけません。

どうでもよさそうな話ですが、撮影が初めてという人には、これが意外と難関かもしれません。私など四〇年近くアダルト業界にたずさわっていますから、東京のスタジオであれば古今東西どこでも知っています。この企画ならここ！　とすぐにオファーを出すことができますが、初めての人はホームページでチェックして、借りてみたら全然違ったとか、使い勝手がとても悪くてストレスが溜まったなどということが頻発します。

スタジオ問題を解決するのは、結局、どれだけ実際に知っているかという経験値になりますので、まずはここが難関。

それに、毎月二〇〇タイトルもAVが制作されているわけですから、競争も激しい。安くて撮り勝手のいいスタジオはすぐに押さえられてしまいますし、教室や病院などそもそも数の少ないスタジオもうかうかしていられません。

企画が決まったらまずはスタジオ。

と同時に、実は、こちらの争奪戦の方がシビアかもしれません。男優です。女優の数に比べて圧倒的に数が少ないですから、男女比が極端にくずれている国の結婚事情と同じ。女優さんはいるけれど、婿さんがいませ～ん。

まして、台本を理解し、演出を理解し、なおかつ不屈の勃起力を維持し……などというスーパー男優ともなると数少ない男優の中でもさらに一握り。こういう男優に出演オファーをするとたいていこういうやり取りになります。


「○○くん、○月○日に現場があるんだけど、あいてる？」

「前半ですか、後半ですか？」

「後半、夜からです」

「あ〜、前半だったらあいてたんですが、すいません」


前半というのは、午前から午後二時頃まで、後半はそこからラストまでですね。そう、売れっ子男優は、このようにして最低でも一日二現場をかけ持って、忙しくスタジオとスタジオの間を移動しています。AVをたくさん見ていると、なんだか同じ男優ばかりだなあと思うのはこのせいです。

我々だって色々な男優を使いたいのですが、いないものは仕方がない。ようやく決めた男優から、このようなラインが来ることもあります。

「すいません、前半と後半の間にもう一現場いれてもいいですか？」

どれだけ働けば（セックスすれば）気がすむのですか！

彼らのすごさはどこでもいつでも何回でも立つことです。男優なら当たり前といわれるこの特技は、実は、誰でもできるわけではありません。現場がピリピリしている、女優さんがツンケンしている、これでダメになる男優はザラです。対して、選ばれしスーパー男優たちは、もちろん楽しくはないでしょうがどのような状況でも立派にお役目を果たします。

我々の方でも、一度萎えた男優は次に使いづらいのです。撮影は止まる、女優は自分の仕事ができなくてテンションがさがる、何もいいことはありません。一度はともかく、次にやらかしたら二度と使われないのが男優です。

極端な言い方をすれば、女優は感じていなくても撮影は成立しますが、男優は立たないことには仕事になりません。モザイク越しにもわかるフニャチンに「まあ、こんなに大きくなって。ギンギンじゃない！」なんてセリフを言われても、なんだかなあ……ですね。女優さんだって、フニャチン相手じゃ何もできません。

かくして、男優はなるべく優秀な達人、いや立人《たつじん》を……と争奪戦になるのでした。

起業したばかりのワンオペAVメーカーでは、男優のキャスティングも初めは苦労するかもしれませんね。

スタジオが決まり、台本もあがり、男優も確保したらいよいよ撮影です。ＡＶ会社が持っていないといけないもののリストにあげた、様々な大道具、小道具を車に積み込み、スタジオへ。まずはコンビニに行って飲み物、お菓子類を購入。意外とリクエストの多いエナジー・ドリンクもあるとなおよし。お昼の弁当の手配。朝から控室に弁当が積んであるような会社が多いですが、私のところでは温かいものを食べたい！という執念のもと、昼ごはんの時間に合わせて注文するようにしています。ああ、忙しい。

そして、ここから先は、第三章にあるような様々なハプニングをご自身で経験することになります。なかなか先は長いです。今日はここいらで一休み。

某月某日

「適正AV」が認可されるまでの苦悶の日々

おそらくすったもんだの撮影が終わり、内容を収録したSDカードを持ち帰り、編集用のパソコン（一応、一五万円程度のハイスペックなもの推奨）に取り込んだら、いよいよ編集です。

編集ソフトというと、一般的には写真クリエイト・ソフトのフォトショップで知られるアドビ社のプレミア。ネット動画や広告業界ではこれを使う人が圧倒的ですが、AV業界ではグラスバレー社のエディウスを使うことが多いようです。まあ、このあたりは好みで選べば問題ありません。

私はエディウスを使っていますが、モニター上にズラッと並んだ動画ファイルを初めて編集画面、タイムラインに貼り付けた時の感動は忘れません。

「おおっ！　撮れてる！」

当たり前のことですが、ファミリーの旅行動画や運動会動画とは内容の濃さが違います。撮影現場で見た「すごいもの」が目の前のパソコン画面で再現されているのですから。

編集の細かな技術はここでは省略します。必要のないカットを消して、絵をつなぎ合わせ、テロップや音楽を入れて、通常のＡＶ商品であれば一二〇分ほどのものにまとめます。

「なんだかアソコばかり撮っているなあ」

「カメラがガタガタ揺れて船酔いしそうだ」

「写ってはいけないものがいっぱい写ってる！」

「自分の鼻息がうるさい」

このあたり、初心者あるある。深く反省して、次のステップに進みましょう。

とりあえず出来上がったこのプロジェクトをＭＰ４なりＡＶＩと呼ばれる形式で一つのファイルとして書き出します。これをＡＶ業界では「白かん」と呼びます。制作会社の場合は、ここまでが受注仕事の範囲。依頼先のメーカーに白かんを納品したらお役ごめんとなります。

しかし、ここでは自分がメーカーですから、まだまだやることはいっぱい。この白かんにモザイクを入れないと！

画面には性器がいっぱい。延々と続くこの性器に自分でコツコツとモザイクを入れるのもいいですが、それでは時間がどれだけあっても足りません。普通は外注に発注する行程となります。私の会社では、昔からの友人の会社に発注しているので五万円でお願いしていますが、普通の取り引きだともう少し高いかもしれませんね。白かんを渡すとモザイクの入ったデータが二週間ほどで戻ってきます。薄い方が売れそうだから、透けて見えるぐらいでよろしくね……と言いたいところですが、日本には法律がありますから、そんな勝手なリクエストはできません。

現在日本にはモザイク、内容をチェックするAV人権倫理機構に所属する審査団体がいくつかありますが、ここの審査を受けて合格マークをもらわないことには、実質的に流通に流すことはできません。審査を通ったAVを「適正AV」と呼びます。だから、勝手にヤバイ作品を世に出せない仕組みになっているのです。

審査を申し込み、審査日に合わせてモザイクの入ったデータを審査団体に届けると、専従のスタッフがチェックします。

一度、審査会場を見学したことがありますが、何十という個室ブースでモニターを見ている老若男女。これは大変な仕事です。毎日何本もAVを見られていいですねえ、なんて話ではありません。

早送りしないでAVを見ることができる人っていますか？

自分の好きな女優さん、テーマであればそれもありうるでしょうが、審査という以上そういうわけにはいきません。

私の会社の作品には、世間的に言ってグロな描写の多いものもあります。

「これ審査するのイヤだろうね」と私。

「ホント、迷惑な話ですよ」とADさん。

毎回、ありがとうございます。

というプロセスを経て、ようやく審査合格マークをいただき、晴れて商品化することになります。

ここまでが、AVが商品になるためのまずは動画編。企画からキャスティング、台本作成、撮影、編集、モザイク入れ、審査。最低でも一カ月を必要とします。その間にも、翌月の撮影の準備、翌々月の撮影の準備が容赦なく迫ってきますから、なかなか忙しい毎日ですね。あとは、パッケージを作ったり、営業さんと打ち合わせをしたりと、商品化まであと少しです。頑張りましょう。

某月某日　パッケージ撮影は業界の「篠山紀信」にお願いします

パッケージのないAVはありません。大昔、一九八〇年代の中頃にはブラックパック・ビデオと呼ばれる怪しいビデオが流通していて、これは黒い紙のケースにタイトルが印刷されているだけ。露出度が高かったり、SMやレイプという、それこそブラックな内容の半地下的なAVでした。また、私がラッシュでAVメーカーを始める前に、こっそりと作って、発売していたVHSのインディーズ・ビデオもまたタイトルをデザインした紙をコピーして、そこに生写真をつけただけのものでしたが、それでも一応パッケージはついていました。

動画の審査が終了したら、次はパッケージの制作です。可愛い顔を推したパッケージ、エロいパッケージ様々ですが、内容に合わせたものを作ります。たいていは、動画撮影の際にパッケージ撮影用の時間をさいて、カメラマンを呼んで撮影します。タイミングは、忙しいパッケージ・カメラマンに合わせるので、メイクが済んだばかりの午前、一段落の昼食後、すべて撮影終了後の三パターンがあります。うちのVTRカメラマン某氏はグチの多い人で、パッケージの時間が始まるとグチり始めます。

「いいよなあ、あの人たちは。パッと来て、パッと撮って、パーッと消えて俺の倍もらうんでしょ」

「まあまあまあ」

確かに、撮影時間は二時間ほど。パッと来て、パパッと撮っているには違いありませんが、この境地に達するためには、彼らには彼らなりの長い修業時代と独立してからの奮闘努力があるわけです。もちろん、生まれ持っての才能も必要です。

AV業界には二種類のカメラマンがいます。一つは今話しているパッケージ・カメラマン。もう一つが一日現場にはりついてVTRの撮影内容を記録する現場スチール・カメラマンです。こちらは、パッケージの表4（裏側）の写真です。どちらも、いい商品を作るために欠かせない存在ですが、待遇はかなり違います。

大手メーカーでは、パッケージ・カメラマンは、たとえば『ペッピン』や『GORO』

といった有名雑誌のグラビア、あるいはエロ本などでも表紙・巻頭グラビアを撮っていたベテラン・カメラマンが多く、存在は「先生」ですね。アダルトの篠山紀信。雑誌の廃刊が続き、職場をシフトしてきた人たち。

若いプロデューサーなどは、カメラマンのグラビア全盛時代を知りませんから、なれなれしく話している私に、

「いつからお知り合いなんですか？」

「三〇年前」

一方で、グラビアの世界を知らず、ハダカの女性写真がAVやパソコン画面でという世代のカメラマンも増えてきましたが、採用の基準が「先生」たちの写真なので誰でもなれるというものではありません。

二〇人くらいしかいないのではないでしょうか。それは忙しいはずです。売れっ子男優と同じで、一日で二現場は当たり前、中には朝、昼、夜と三現場仕事を入れるカメラマンもいて、パッと来て、パパッと撮って、パーッと消えていくのは当然といえるでしょう。

一日現場にはりついて、時には朝の二時、三時までカメラを回している某氏にしてみれば、腹立たしい話なのかもしれませんね。

さて、ひるがえって私の会社では、「先生」や「売れっ子カメラマン」はギャラの問題で使えません。現場で知り合った現場スチール・カメラマンたちに安いギャラでお願いします。

パッケージも撮ってもらうけれど、現場スチールもお願いするというパターンですね。「パケ現」という仕事名です。

予算的に優しいので、このパターンは多いです。

彼らの立場でも、金銭的なことよりパッケージ撮影はまずカメラマンとして目指すところであるし、ヒットすれば「パッケージは誰だ?」ということになり、売れっ子になるきっかけにもなります。

つまり我々はウィンウィン関係にあるということです。

マニアックなメーカー、ハメ撮りのメーカーなどでは、現場スチールからパッケージを作る場合もあります。臨場感があってユーザーの興味を引くパッケージが時々ありますが、つまるところ私たちのワンオペ会社がどこを目指すのかということですね。女優で売りたいなら、パッケージを撮影するカメラマンは必須となります。

そして、仕上がった写真をセレクトして、さらには肌の調子などを修正加工することもあります。パッケージを見て、おお、美少女、美熟女と思って購入したものの、実際の画面では、ん？となることもありますが、その辺は許容範囲で（笑）。

そこまでしても、いよいよパッケージが完成とはまだいきません。パッケージに載せるタイトルやキャッチ・コピーを考えるのも私、あなたの仕事。

「文章考えるの苦手なんだよなあ……」

またしても国語恐怖症の登場。

タイトルにも時代とともに変遷があり、今はとてつもなく長いです。たとえば、うちの作品でもこんな感じです。

『家族の危機はエロで乗り越えろ！　自宅で開業、親子催眠ヘルスが大当たりして特売娘の潮吹き大セール』

『団地妻』、『昼下がりの情事』のワンフレーズの時代とは大変な違いですね。ファンタジーを漠然と喚起させるタイトルよりも、具体的でリアリティーのあるタイトルが売れる傾向にあります。

イー・ボディさんというメーカーで私が監督させてもらった作品のタイトルも。

『Wセックスレス人妻が旦那スワップ スーパーヘビー級の爆乳爆尻挟み撃ちでザーメン絞り合いド痴女ハーレム3P 永井マリア 若月みいな』

長いです。パッケージはお二人の迫力ボディとともに、具体的かつリアルなイメージをかきたてる文字でなんとも情熱的。

ここに、さらにキャッチ・コピーを書きこみ、さて、これをデザイナーに渡さないといけません。

「タイトルのイメージは？　キャッチ・コピーのイメージは？　写真の大小は？」

「……」

そんなことをスラスラ言えれば、すでにベテランです。しかし、相手はプロですから、こちらがシロウトでも、それなりに訴求力のあるパッケージをデザインしてくれるはず。仕上がったデザイン・データを印刷に回して、刷り上がったら、先に出来上がっているDVD盤面と合体させて、ようやくあなたのAVが完成！

なんだかイヤになってきますね（笑）。しかし、物づくりが楽しいというのは、こういう手間を楽しむということでもあります。さて、いよいよ作品が市場に出回ることになります。

某月某日

市場再発見！「痴漢物」を購入する女性たち

これまでは、商品としてのAVの作り方をお話ししてきました。どの商売でも同じですが、物が生まれれば、それを売る人が必要です。衣類であれば、アパレル・ショップ。冷蔵庫であれば、電機屋さん、本であれば、本屋さんという具合。

しかし、その途中にあるのが問屋さんです。本屋の場合は取次会社。AVの場合も同様、物流を扱う会社があります。ごくまれに、自社で全国のショップに直接営業をする独立系のメーカーもありますが、まあ、ほとんどのメーカーが取次会社を通して全国に商品を流しています。

業務は多岐に渡っていて、全国の販売店、レンタル店への商品の発送、回収、売り上げ管理の他、出版や宣伝代理業、各メーカーの営業支援なども行っています。

大きな取次会社が二社。中小の会社を含めて一〇数社が物流にかかわっています。たいてい、AVメーカーはこれらの取次会社との関係で〇〇系、〇〇系と分類されますが、我々ワンオペAVメーカーのような小さなところは、その〇〇系の末端に入れてもらって、営業を委託することになります。ちなみに、私のこの本も、出版流通を経て、読者のみなさんのお手許に届いているわけです。

AVメーカーを作るに際して、最初に私が相談しに行ったのもこういう取次会社の一つだったわけですね。S社さんといいます。この会社は個人メーカーや小さなメーカーを扱うのに慣れていて、規模の小さな話にも応じてくれるので、私の起業に多大なる貢献をしてくれたわけですが、今は私の会社も一〇年以上の経験を積んで、大手のT社さんとも契約を結び、全国販売のお手伝いをしてもらっています。もちろん手数料はいりますが。

取次会社との関係は、単に商品を販売、管理してもらうだけではありません。後で書きますが、イベントやサイン会などでも色々と手伝ってもらうことがあります。

しかし、なにげに思うのは、営業担当者さんとの雑談の重要性。数多くのメーカーを扱う営業さんの話は示唆に富んでおり、自社の作品を制作、販売するにあたりおおいに参考になります。

たとえば、ショップでDVDのAVを買う人はほぼすべてが男性。ところが、配信を利用しているユーザーの四〇パーセントが女性だったとは、誰も想像しなかったのではないでしょうか。

ある日、営業のFさんが会社に現れ、雑談をして帰っていきました。あれ？　仕事の話だったのかな？　詳細は忘れましたが、AVの売り上げ動向の話の中で出てきました。

「最近、〇〇社（大手配信会社）の新しい統計が出ましてね、ダウンロード数で言うと女性が四〇パーセントという数字が出たんですよ」

「え〜！　そんなに女の人ってAV見ているんですか！」

「AVってもはや男女の差なく普通に接するアミューズメント市場になっているということですよね」

「やっぱり女性用のAVということですか」

「どういう傾向のものを購入しているのかは、統計で出せますから、大体の動向はわかりますが……」

「ほおほお」

「それが痴漢物とか、凌辱物とかハードな商品に人気があるんですよ」

女性はきれいなAVが好き……などというのは昭和、平成の幻想だったわけですね。

「あとは、推しのAV女優さんが出ているものを購入するとか」

ここからわかるのは、男性ユーザーの高齢化にともない縮小していると思われていたAV市場に新しい購買層が成長しつつあるということです。AVメーカーとしては夢のある話です。


ニコニコしている私に、Fさんがビシッと言います。

「ところで、ラッシュさんの今後の立ち位置ですが……」

「あ、はい」

彼の言うところによれば、私の会社の商品にはもっとオンリー・ワンな部分にエネルギーを注いでもらいたい、と。

「ある一つの成功例なんですけどね」

さすがに、どれだけもうかっているかまでは教えてもらえませんが、ひそかに売れているメーカーさんの話を聞かせてくれます。名前を聞いても全然知らないメーカーさん。

「ストッキングにこだわる社長兼監督さんがいて……」

まさにワンオペですね。

「自分の好みのものを見つけるために海外まで行って、最新のものから何百万円もする歴史上のものまで買ってきたり、撮影の時に絶妙な光沢を出すために高い照明機材を買いそろえたり、編集用のモニターだってすごく高価なものだそうですよ。とにかく、こだわりに一切妥協がないんです。膨大な撮り素材を一人でコツコツ、コツコツ、何カ月もかけて編集しているので、誰も真似ができないんですよ」

爆発的なヒットはしないが、熱狂的なファン（信者）に支えられて、発売すれば必ず黒字。一人でやってらっしゃるなら、十分な売り上げだとFさんは説明してくれました。

「なるほどねえ、忙しいからこだわりに時間をかけられない……なんて言っていたらダメですね」

「ラッシャーさんにもファンが多いんですから」

「あれが売れる、これが売れるなどと迷走するより、執着一念、これぞというものに情熱をかけないと、ということですねえ……」

「そうですよ！」

Fさんの熱き語りはまだまだ続きますが、こういった会話からも新商品が生まれていくわけですね。気合を入れなおした新しいシリーズを発売することになり、そうそう、思い出しました。最後は新商品のスケジュールを打ち合わせしてこの会議は終わったのでした。

某月某日

AV女優のサイン会はエロティックにミルク飲み？

ついに自社のAV商品が発売されます。感慨ひとしおですが、ここからもまだワンオペAVメーカーの社長はお仕事がありますよ。

取次会社に販売をお願いして、あとはキャバクラでウハウハしていたらよいというものではありません。商品が売れないことには明日はありません。

最近は売り上げの半分以上が配信からのものとはいえ、まだまだDVDを売ってくれるショップの存在は重要です。特に、東京・秋葉原にあるような大型店ではまだまだDVDは売れています。


取次会社の営業Fさんからメールが来ます。

「販促イベントはどうしますか？　やるんでしたら、お店さんには話しますよ」

販促イベント。発売を記念して、出演女優さんに来てもらい、サイン会を開くイベントです。これは女優さんにとってもファンとの交流の機会であり、比較的スムーズに事が進みます。

「さて、どうしたものか……」

イベントを仕切ったり、司会をするのが苦手な場合は、取次会社の営業さんが協力してくれます。

流れはこんな風になっています。秋葉原の大型店。最上階にイベント用のスペースを持っている。開催は日曜日午後二時と想定しましょう。
・十二時　スタッフ会場入り、準備開始。女優さんの写真を貼ったり、場合によってはモールなどで装飾。商品を買ってくれたお客さんに女優さんがサインをするテーブルを用意。スタッフお昼ご飯。
・一時　女優さん来場。控室でメイクをしてもらい、衣装合わせと打ち合わせ。この頃には、レジで商品を買ったファンたちがイベント会場へとつながる階段に列を作っています。
・二時　開場。ファンが入ってきて、用意された椅子に座ります。司会進行の挨拶についで、女優さんの挨拶。ゲームのような簡単な遊びをした後、サイン会が始まります。サインをする際に短い会話や握手がありますから、愛想のいい女優さんだとどうしても一人一人の対応時間が長くなります。ファンがたくさん集まるイベントでは、規定の時間までに終わることができない危険もありますので、「剝《は》がし」（握手をした瞬間に追い立てる）が必要になることも。
これも取次会社の営業さんは慣れたもので、ストップ・ウォッチを手に「はい、時間終了です！」とテキパキさばいてくれます。

というのが、通常のサイン会イベントですが、私の会社ではもう少し凝った企画を考えました。ここ数年はコロナ禍ということでイベントを休んでいますが、たとえばザーメンごっくん作品のイベントでは、ファンの皆さんにミルクの入ったスポイトを渡し、ファンの前でひざまずいた女優さんが「○○さんのザーメンちょうだい、ニコッ」といった具合に一セリフ。ファンはスポイトをチュッと絞って、見事お口に発射（笑）。疑似発射体験をしてもらいました。

他愛ないことですが、こんなことが少し加わるだけで、単にサインして握手するだけのイベントよりファンのみなさんに楽しんでいただけます。

聞いた話では、ラップ越しのチューなどという企画もあるらしいですが、これはちょっと生々しいかな……。

エロすぎず淡白すぎずといった匙加減《さじかげん》は難しいところですね。

イベントはおよそ一時間から二時間ほどで終了。実は、まだ仕事はあります。アイドルでもそうですが、イベントの後は会場の外に出待ちのファンがいます。基本的にはいい人たちですが、中にはストーキングと間違われるような万が一ということもあります。マネージャーが付き添っている場合はいいとして、マネージャーがいない時は、外に出てタクシーに乗せるところまでが仕事。

最初の頃は、つい、やらかしてしまうことがありました。あるアイドル系女優さんのイベントでのこと。その女優さんは喫煙するのですが、ついうっかりファンのいる前で。

「今なら時間あるから吸ってきてくださいな」

「シーッ！」

あっ、やらかした。

そして、トドメにイベント終了後。

「帰り池袋だっけ。気をつけてね」

「シーッ！」

女優さんがどこに住んでいるかなどご法度中のご法度。その場にファンはいなくても、まだ外部スタッフなど不特定多数の人がいます。

イベントが終わり、スタッフと楽しく打ち上げをしていると、マネージャーさんから電話がかかってきました。

いや～な予感。


「みよしさ～ん、ベテランなんだから頼みますよ。街の名前言っちゃダメでしょ」

「あ、で、でも、もう誰もいなかったから……」

「それでもダーメ！」

叱られて、すっかりしょんぼりしてしまった私にスタッフが声をかけます。

「どうしたんですか。飲みましょうよ」

「あ……、うん……」

猛省ですね。浮かれて気が緩むのはよくないです。イベントは仕事！　肝に銘じてその日は終わりました。でも、おかげさまで三〇枚も売れましたよ。その後、数ヶ所で同じサイン会を開きましたが、もちろん私の顔は精悍な仕事をする男の顔に。

という具合に、慣れないと、様々な不出来をしてしまいますが、イベントは販促の上で大切な仕事です。ショップの担当者さんにも直接お会いして、商品や今後の展開などを説明することができます。今後、配信の比重がさらにあがると、オンラインなどネット環境を使った新しいイベントが次々に登場すると思います。乗り遅れないようにしてください。

第三章

古稀寸前のAV監督はつらいよ！

某月某日

ワタシは「オンリー・ワン」を目指すのだ！

さて、ここで、私の会社、RASH（ラッシュ）の話をしましょう。ここまで書いてきたのは小規模で起業した場合のAVメーカーの話ですが、RASH（ラッシュ）もそれまでの編集プロダクション、また制作会社の歴史があるとはいえ、規模的には小規模なメーカー。我社の悪戦奮闘話も何かの参考になるかもしれません。

現在、ラッシュでは、催眠シリーズというものを月に一本リリースしています。値段は少し高いです。なぜなら、なんちゃって催眠ではなく、本物の催眠術師さんを使った作品だからですね。

多くの催眠物は作品上の演出がほとんど。それが悪いわけではありません。催眠術で女の子にいたずらするのはファンタジーですが、女の子のどのような姿態、様子を見せたいのかは各メーカーの企画によります。もしも、エロを中心にすえるなら、催眠術は本物でない方が都合がいいこともあります。監督がこれを見たい！　と考えても、出演者がボンヤリしていたのでは、なかなか思うような絵が撮れないこともあるでしょう。

それに対して、ＲＡＳＨ（ラッシュ）の催眠物は、何も撮れないかもしれないハプニングも含めて、本物の催眠術そのものをテーマにしています。これが我社のオンリー・ワン。他社では見ることのできない内容です。

どこでも買える物なら誰もわざわざ高いお金を払って買いません。不特定多数が相手の商品ではなく、購買層は熱烈マニアのみ。販売数は少ないけれど、会社の運営は成り立つ。そんな路線です。

「この間、〇〇（大手メーカー）で撮影した女優さんよかったなあ」と私。

「じゃあ、ラッシュで撮ればいいじゃないですか」とスタッフのクリちゃん。

「ああいう女優さんはギャラが高いでしょ。制作費すごいことになるでしょ。あと、ライト・ユーザー向けの商品になるから、定価を高くできないでしょ。そうすると、薄利多売でたくさんＤＶＤを作らないとダメじゃない。そのコストもハンパない。つまり……」

「うちでは無理と」

「そう！」

だから、コアな催眠向けの小ロット、高額商品を作っているのか！　と言われるのも心外ですが、結果としてそうなっている部分はあります。女優さんのギャラはカラミ回数を少なくしてまけてもらい（催眠物なのでカラミはそれほど重要ではないのです）、スタジオは自分の会社、カメラマンは私、男優は一人だけ、ＡＤは社員のクリちゃん。あとは催眠術師のギャラ。超低コストです。取次の営業さんが「え！　そんなに安いんですか！」と驚く始末です。

「それでこの値段なら優良コンテンツですね」

と彼は言いますが、愛着があったればこそのオンリー・ワン。何か高く売ってやろうと企んだ結果ではありません。たまたま、私にはそうやってこのＡＶ業界を生き残るための財産があっただけのことです。

振り返れば、私の映像ヒストリーは、常に低予算との闘いでした。最初に作っていたＶＨＳテープのインディーズ・ビデオ（例の生写真のパッケージ）は、女優さんの予算もなかったので、雑誌の撮影のたびにこっそり便乗してコンテンツを撮っていました。自分で撮って、自分で編集して、友だちがモザイクを入れて、ダビングして、パッケージを作ってアダルト・ショップに持ち込んでいました。

次に制作会社となって以降は、低予算でも利益が出るように、スタジオの延長代が発生しないように、どんどんダンドリが早くなり、スタジオ自体も安いスタジオをいかに装飾して多くのシチュエーションを撮るかに工夫をかたむけ、日々切磋琢磨する中で、とぎすまされたコスパ会社を作り上げたのでした。

「みよしさん、貧乏くさいのはやめてくださいよ、ちゃんと予算つけますから」と大手メーカーのTプロデューサー（女性）。

というわけで、外注作品については最近は普通に、心に余裕を持って作っていますが、自社物となると予算がないので知恵を絞らないといけません。


カラミがなければ、ギャラが安い！

そのために考えた企画は、風俗盗撮物、オナニー物、男のオナニーを見るだけのもの、M男がいじめられる女王様物、まあ、いろいろと考えましたが、どれもずっこけましたね。

カラミのない作品としてはどれもマニア度が弱いからです。そんな中で、ある程度売れて、シリーズ化できたのが、「手コキ」ものでした。ただの手コキではありません。

「二四時間寸止め地獄」と題して、女王様がＭ男を手コキに手コキ、イキそうになっても寸止めをくりかえすこと二四時間。

二四時間はもののたとえですが、それでも何時間も続くと、男優さんも悲鳴をあげます。何か他のメーカー作品では見られない独特の世界が現れ始めます。ここまでしてこそマニア作品認定。高額商品ですが、なんといっても女優さんの仕事は手コキだけ。脱ぎもありませんから、破格のギャラです。

そのような試行錯誤の中で、ずっと温めていたのが催眠物でした。アウダースというメーカーに「催眠赤」というシリーズがあり、私は監督として呼ばれていたのですが、そこで出会ったのが催眠術師のＲＥＤさん。以来一五年ほども彼とは懇意にしてもらっていますが、アウダースのシリーズがなくなった後、五年ほど前にＲＥＤさんと私で立ち上げたのが催眠シリーズです。

先にも書きましたが、催眠術そのものをメイン・テーマにしているので、普通のセックスはなくてもいいぐらいです。ギャラを押さえてもらい、場所も事務所、これぐらい切り詰めて、逆に内容的には高みの頂点を目指すわけですから、それを支えるのは情熱のみです。

こうやって今では催眠物は私の会社の核となっています。安かろう悪かろうではなく、逆境の中でこそクリエイター魂を発揮するのが日本人の美徳です。「がんばれニッポン」？　森保監督ならいいけど、お前が言うなって？（笑）　ブラボー、ブラボー！

某月某日 新宿アルタの前で公然猥褻撮影をしたころが懐かしい?

さて、今日は、某大手メーカーの依頼で遠出です。企画は、農業実習で農村にやってきた三人のギャルがステイ先の生産者さんを襲って、「種」を搾り取るという話。まさしく子種の生産者にしてしまいました……というアホな作品ですが、中身はアホでも撮影は大掛かり。まずは農家の確保が必須です。といっても、都内に借りられる農家があるわけもなく、スタジオ一覧を調べると埼玉県に一軒、レンタル農家というのがありました。

「クリちゃん、これ車で時間どれくらい？」

さくさくっとスマホで調べてくれたクリちゃん。

「事務所から3時間ですね」

終電があるうちに女優さんを都内の主要駅まで届けないといけません。でないと、一日拘束のギャラで収まらなく追加のギャラが発生したり、そこまでいかなくてもクレームの一つや二つは女優さんの事務所から頂戴するハメになります。

「ということは、ロケ先を21時前には撤収ですね。撮影に必要な時間を考えると、6時に新宿集合ですなぁ」

朝に弱い若者らしくクリちゃんはゲッソリした顔で言います。朝に強い老人の私は、6時集合なんてへっちゃらですが、心配は担当のプロデューサーMさん。よく一緒に飲むので知っているのですが、この人、完全な夜型。飲めば朝までダラダラと、仕事は仕事で夜中に始めて朝までダラダラと。

寝てしまわなければいいいんだけどなあ……。という不安が見事に的中してしまいました。

午前6時。新宿西口ロータリー喫煙所前。この日のために運転のうまいマボちゃん（普段は監督、でも私の現場にはADで来てくれます、やっぱり女子）を呼んでいます。車は三台。撮影道具を積んだ車と、私の車と、マボちゃんの旧式クラウン（むちゃかっこいい）です。女優さんは大切な商品ですから、一番運転のうまいマボちゃんに担当してもらったのですが、なぜかプロデューサーのMさんをマボ号に乗せることになってしまった。

機材車は朝6時きっかりに出発。私も男優を乗せて、6時すぎに出発。女優さんたちも皆6時前に集まってくれて、あとはMさんが来たらマボちゃんも出発なんだけど……。

来ない！　いや、厳密に言うと、運転しながら何度も確認するのだけれど、Mさん来ないので出発できません、という返事ばかり。

Mさんは来なくていいけれど、女優はまずいでしょ。案の定二度寝してしまっての遅刻ですが、定刻9時にスタジオに到着すると、現場にはすでに別動隊のメイクさんたち、VTRカメラマン、照明マン、スチール・カメラマン全員が到着して私たちを待っていました。

「女優さんは？」

とメイク・チームのチーフが不思議そうな顔をして聞きます。

「ん～。何時になるんでしょうね」

むなしく待つこと一時間。ようやく女優さんたちも到着して、くだらない遅れをとりもどすべくメイクさんたちが猛スピードで仕事を始めます。

しかし、本日の現場の第一声が、

「ごめんね」とは。

考えてみると、AV監督は日本で一番、「ごめんなさい」を言ってる人かもしれません。

遅くなってごめんなさい、朝早くからごめんなさい、ボディ・ソープがなくてごめんなさい、男優が立たなくてごめんなさい、ADの気がきかなくてごめんなさい……。

でも、全部俺のせいではないじゃないか！

ま、それはともかく、メイクの頑張りのおかげで30分以上時間を巻き戻し、女優さんたちも皆やさしい人で、一安心。Mさんは何事もなかったように笑っています。この人、平和な人ではあるのです。だから、こういうことがあっても嫌いではない。

さて、撮影は本物の農家ですから、どこで何を撮ってもリアル。派手派手なギャルたちがカマドで火を焚き、囲炉裏を囲んで女子トーク。そんな流れでセックス・シーン。

そんな中で私がメインの見せ場と考えていたのが、外撮りです。このスタジオ、庭付きの農家なので、農具置場や井戸小屋など撮影したくなるポイントが山盛り。三人のギャルがお互いの目を盗んでステイ先のオーナーにちょっかいを出すというシーンですが、いかがわしい行為中のお二人のむこうに広がる、のどかな田園、緑深い山々、青い空。木々の間から遠くに見える幹線道路をトラックが時おり走り抜けます。

のどかな風景じゃありませんか。ところが、撮影していたカメラマンが思い出したように言います。

「あれ？　これっていいのかなあ」

外で撮影するのは禁止されていると言うのです。

「外といってもスタジオの敷地の中だし、いいんじゃない」

「むこうから見えなければ、いいと思うよ」

「いや、むこうから見えなくても、こちらから見えていたらアウトなような」

「空はいいけれど、山はダメだったような」

ついには、原則、空はいいんだけど、飛行機が飛んでいたらダメといった発言まで。

なんだかとんでもない珍説のように思えますが、過去には、山の中の誰もいない凍った池で全裸スケートを撮影したチームが、「山に人がいたかもしれない」という理由で逮捕されたこともあったりして、空の飛行機はあながち有り得ない話でもないんですね。

かようにAV撮影というのは世間に神経を使うものなのです。

昔は全然違いましたよ。交通量のハンパない山手通りをハダカで歩いたり、歩道橋でオナニーしたり、うちの事務所なんか新宿アルタの前でフェラ撮りましたからね（笑）。

あ、電車の中でもやらかしました。一九九〇年代の話です。

さすがに、公然猥褻もいいところのアルタと電車案件は警察に呼び出されて、大目玉をくらいましたが、それ以降、「都心での」外撮りはご法度となって、業界に多大なるご迷惑をおかけしました。それでも、制作者たちの外撮りへの情熱は消えることなく、二〇〇〇年代になると、たとえば、電車物では、エキストラをおおぜい雇って人の壁を作って痴漢物の撮影したり、山の中にわけ入って自然のセックスを撮ったりしていましたが、今は令和。

はるか上空、頭上を飛ぶ飛行機の目さえ気にしないといけません。

それでも、監督としては撮影しないことには気がすみません。

判断はメーカーにしてもらおうということになり、撮影を続けて編集して納品しましたが、空はOKで、幹線道路を通りすぎたトラックはNGでした。出演者、スタッフの皆さん、無駄な撮影に時間を使わせて、ごめんなさい。現場で適格なジャッジをくだすべきMプロデューサーはただ笑っていただけでしたが、まあ、平和な人なので許します。

某月某日

ホームレスを描いた感動AVは大ヒット？

昔はそんなことなかったのだけれど、というか存在自体もなかったのだけれど、今はプロデューサーの権力は絶大です。

なぜならば、そんなのイヤと仕事を断れば、もう二度と仕事はこないからです。どんな無理難題にも「はい！　頑張ります！」以外の返事はありません。私のような古希も間近なコキコキの六十七歳の老人でもそうです。

四〇歳年下の若いプロデューサーの前で直立不動。企画を聞いたあとは、「はい！

ありがとうございます！」と腰を九〇度折り曲げて、深々とおじぎするのであった。

とはいえ、引き受けたものの……という話はきりがないですね。今回もあるプロデューサーに呼び出され、お仕事を頂戴いたしました。

「ホームレスのおじさんたちのところに痴女を出張、みたいな企画を考えたんだけど、ラッシャーさんできる？」

「ホ、ホームレス！」

「いや、本当のホームレスじゃないよ。それは事務所がOKしないから。ホームレスは男優でいいけど、ビニール・ハウスや段ボールハウスはリアルに作りこんでほしいんだよね。ほら、ラッシャーさんっていつも作りこみ適当じゃん。そこちゃんとしないと次の仕事ないからね」

クーッ。

さて、ミッションを頂いた以上、最善を尽くすのはクリエイターの矜持。あ、AV監督をクリエイターなんて誰も思わないか（笑）。

仕事は膨大です。でも、四十二歳年下のクリちゃんが励ましてくれます。

「大変なことは、逆に一生懸命やるほどやり遂げた時の達成感が大きいですから。ビールがおいしいですよ！」

確かにその通り。ゲソーッとしている暇なんかないのです。と、クリちゃんが窓から下の道路を見下ろして、アッと言って飛び出していきました。なにごと？　と様子を見ていると、道路の左端を空き缶を自転車に大量に積んだおじさんがヨタヨタと歩いているではないですか。クリちゃんが近づき、なにやら交渉している様子。

三分後、玄関に二人が現れます。ドアの前には大量の空き缶。なるほど、ホームレスさんの作りこみには必須のアイテムですが、こんなもの自分で集めていたら何日あっても足りません。

「俺ね、アルミだけ集めてるから、他とは質が違うんだよな」と自慢するおじさん。

ん〜。この場合、質はそんなに問いません。

クリちゃんの機転というわけですが、しかし、撮影にはまだ日にちがあります。季節は夏、大きなビニール袋に入れられた空き缶の中身がいい感じに発酵を始めて、あたりにフルーティーな香りをまき散らします。

さて、次は、本物のビニール・ハウスも少しは撮影したいので、協力してくれるホームレス探しです。

繁華街のホームレスさんは、段ボールを重ね合わせただけというあまりに簡易なお家なので役に立ちません。かと言って、かつてよく見かけた公園や路上でのブルーシートのお家は、今では、撤去されて残っていません。残るは河川敷のブルーシート・ハウス。

これね、見つけるの簡単なようでいて、難しいんですよ。理由は、ブルーシート・ハウスというのは河川敷は河川敷でも、川面に面した木々の茂った場所に隠れるように立地しているから。河川敷の歩道からだと目の高さが木々より低いので見えないのです。

見えるとしたら空からのみ。

いつも現場を手伝ってくれるりえ坊さんが（これまた女子）が名案を出します。

「グーグルマップで当たりをつけて、探しましょう」

これは航空写真です。荒川にターゲットを絞ってマップを開いてみると、確かにブルーシート・ハウスとおぼしき青い四角いものがポツン、ポツンとうつっている。

りえ坊を助手席に乗せて、ブルーシート・ハウス探しが始まります。航空写真でおおまかなポイントは絞れるとはいえ、住所があるわけではないので、車を停《と》めては土手をあがり、探しても見つからないということを繰り返しているうちに、草むらにか細い道を一本見つけました。

これはブルーシート・ハウスに続いているに違いない。たくさんいすぎて避けようにも避けられない大きな沢蟹（おそらく外来種）をグチャグチャと踏みつぶしながら百メートルほど分け入ったところにそれはありました。

太い柱を支柱にした二階建てのブルーシート・ハウス。あとで聞いたのですが、これ二世帯住宅らしいです。

「おじさん。この家、ＡＶのパッケージに載せてもいいかな」

「いいも悪いも、ワシらが勝手に建てている家じゃけん、好きに撮りんしゃい」

不法建築なので許可する立場にないというのです。

なんというまっとうな倫理観を持つ人。すばらしき日本人。と、感動しながら撮影の約束を取り付けて帰ってきたのですが、当日、プロデューサーとカメラマンと女優さんを案内してブルーシート・ハウスに行くと、倫理の人は朝からベロベロ。

「やばくないですか？」

「そ、そうですね。やめときますか」

女優まで連れて行って、あんなあぶなっかしい人と……と、プロデューサーからまた叱られる私。

「ごめんなさい」

撮影？　ちゃんといたしましたよ。あと、設営の方も、それはもう立派なブルーシート・ハウス（実際は緑色だけど）と段ボール・ハウスを一個ずつスタジオの敷地に建てました。大工経験のあるカメラマン、ペイント・アートが得意な美大出身のAD（また女子）。

かくして大作はできあがり、無事納品とあいなりました。

それより、困ったのは空き缶の山。捨てるに捨てられず、玄関先でプンプン異臭をはなっていましたが、捨てる神あれば拾う神あり。ちょうどこのタイミングでゴミ屋敷企画を受けおった監督が登場して、引き取ってくれることになりました

空き缶の猛威を知らない監督さん、なんと高級外車のベンツでやってきた。あまりの臭さにギョッとするも、引き取るしかなく、トランク、後部座席、助手席まで発酵した空き缶を詰め込んで帰っていきました。

あのベンツ、一週間は再起不能ですね。彼もきっと「ハイ、喜んで仕事頂戴いたします！」組かな。

でも、クリちゃんが言いました。

「監督、大変だったけどすごくいいものできたじゃないですか。みんな楽しんでいま

したよ」

少しだけ心が癒されました。売れ行き？　そういうのは単なる監督は教えてもらえません。

某月某日

シティホテルでの撮影はヒヤヒヤの連続

皆さんも、こいつどんな心臓してるんだ？　といったヤツが同僚の中に一人や二人いると思います。

ＡＶ業界も同じですね。むしろ、危ない橋を渡ることの多いこちらの業界の方が、感心するレベルの強心臓持ちは多いかもしれません。いや、今日の話は強心臓というより、無神経というジャンルなのかな。

「おいおい、そこでそんなふるまいは絶対まずいでしょ」

ホテルのロビーで汚いかっこうしたＡＤ二人が、ズボンの後ろポケットに丸めた台本を無造作に突っ込んで、マ◯コとか大声でしゃべってます。

「お前らバカか！　早く消えろ！」

私、何年監督していてもどうしても慣れないのがシティホテルでの撮影なんですね。

え？　撮影ってホテルでするんじゃないですか？　と思っている方も多いと思いますが、AVの撮影は基本スタジオを使います。次に、ラブホテルというのも多いです。しかし、内容によってはシティホテル、特にシティホテルのスイートルームを使うこともあります。

たとえば、ストーリーがパパ活物だったりすると、安っぽいラブホテルよりもシティホテルの方が自然です。あるいは、ちょっとセレブなお姉さんがM男ちゃんを連れて遊ぶのもシティホテルの方がしっくりきます。

このように、シティホテルを使って撮影した方がいいジャンルというのはいくつかあるのですが、当然、お堅いシティホテルがAVとわかりながら撮影に貸してくれるわけがありませんね。

だから、シティホテルの撮影は基本無断撮影、撮り逃げゴメン。

にもかかわらず、ロビーで下品な言葉を連呼しているバカモノがいるので私はとても頭が痛い。

「みよしさん、仕事ですよ」

「おお、ありがたや」

いつものようにプロデューサーから仕事の依頼を受け、目を輝かせながら企画の説明を受ける私ですが、プロデューサーがシティホテルを使ってくださいと言った瞬間、顔が曇ります。

「シ、シティホテルですか？」

「あ、いやならほかの監督に振りますけど」

「え〜。いやなわけないじゃないですか。やりますよ、やります！」

とはいうものの、その日から撮影日までずっと暗い日々を送ることになります。私の場合、何事も不安から始まるのです。入る時に何か言われたらどうしよう……。途中で踏み込まれたらどうしよう……。

でも、そんなの全然気にしない監督というのがいます。これは強心臓か。そして、例のADたち。こちらは無神経。このタッグは最強です。

でも、私はダメ。この日の企画は、女優さんが二人。仲良しの二人が、風俗嬢デビューするというのでテクの練習用に男の子をホテルに呼んで、一日中エッチするという内容です。

一人でも目立つのに二人かよ……。

当然、メイクさんも二名ということになります。

これに、VTRカメラマン、パケを撮影するカメラマン、現場スチールを撮るカメラマン、照明さん、AD三人、男優、私の計一三名。しかも、どなたさんもたいがいの荷物量です。

こっそり入るといっても目立たないわけがありません。昔は、フロントの前を通らなくてもエレベーターで直接部屋のある階まで行けるホテルもあったのですが、コロナ以来、検温などのルールが厳密になり、今は必ずフロント・ロビーを通ります。

実に怪しい集団ですね。

この日は、最上階のスイートルーム。メイクが終了し、さっそく女優さんの一人がSNSのために自撮りを始めます。

パチリ。

あ、背景にホテルのロゴが。

やめて！

「タバコ吸ってくる～」

もう一人の女優さんが、外に出ようとします。見ればローブのまま。

やめて！

結局禁煙の室内に電子タバコのニオイが充満する中、撮影が始まると今度は室内の電話がツルルーと鳴ります。

「なにかご用命はございますか」

シティホテルに泊まってそんな電話かかってきたことないでしょ。これは様子伺いですね。もっと露骨なのになるとドアをノックされますから。

例の強心臓監督、よくぞこれで平気なものです。私なんか、もはやカメラが回っていても気もそぞろ。

お昼ともなれば、ＡＤが一三人分の弁当を両手にぶら下げて、廊下を歩きます。

飲み物、嗜好品の買い足しもあります。

ああ、ドアをあけたり、締めたり。部屋の出入りは間違いなく監視カメラでチェックされているに違いありません。

そして、その時はついにやってきました。

「トントン」

本当にドアをノックする音。たまたま、そばにいたメイクさんが出てしまいました。

「監督……。ホテルの人が来ています」

青ざめた顔で私に報告に来ます。ちょうど休憩時間でよかったですね。そんなタイミングで大声で「イクーッ、イクーッ！」なんてやってたら目もあてられません。

この時のために何度もシュミレーションしてきた想定問答を頭の中で繰り返しながら入口に。

フロントマネージャーの名札をつけた三〇代半ばの女性と部下の若い男性がニコリともせずに立っていました。部屋に入ってこないので、私の方が廊下に出て話し合い。確証なしで部屋に入り込んでくるのもコンプラに触れるんですかね。

「ご宿泊は二名様ですが、おおぜいの方が出入りされているようですが、何をされていますか。撮影などされていますでしょうか」

「あ、いや。今晩から千葉にロケに行くんですが、スタッフと出演者のミーティングが長くなってしまってすいません」

我ながら見事な言い訳。

これだと、汚いＡＤから機材を抱えたカメラマン、妙にきれいにメイクしている女優さんたち、この不思議な集団をいっぺんに説明できます。

さすがに、なんのロケですかとまでは問えないですから。

「今、コロナの対策もありますので、出入りする方は必ずフロントで検温、消毒するようにお願いいたします。必ず守ってください」

どうなることかと、かたずを飲んで見守っていたメイクさんたち。

奥の方からはＡＤさんたちの笑い声が聞こえていましたが……。

「私、本当、シティホテルの撮影いや」と一人のメイクさん。

「僕もいや！」と私。

撮影が終わり、全員帰ったあと、一人部屋に残って（宿泊代がもったいないですからね）ワインを手に持ち、はるか下界を見おろしながら、

「ふっふっふっ、下々の民よ……」

と言ってる時だけ、少し幸せなＡＶ監督。

某月某日 淫語を言えない女優のために局所にカンペを書いた！

どのような仕事、職場でも適材適所はあります。もちろん、ＡＶでもそうですね。オファーした仕事に向いている女優さん、向いていない女優さんというのはいます。たとえば、どう見ても熟女さんにＪＫ（女子高校生 Joshi Kōkōsei）は無理がありますし、清楚な女優さんにギャルは似合わないし、また、その逆もしかり。

こんなこともありました。私の作品の中に女上司シリーズというのがあるんですが、いつもだとキリリとした大人っぽい女優さんとダメな部下の組合せ。

「君、あのプレゼンはなんだったの？　話すべきことを事前に頭の中で整理しておけばあんな風にはならないでしょ」

「すいません」

「セックスの方もダメダメかしら……」

といったセリフになるわけですが、以前撮った作品で起用した女優さんがキャラクターがユルユルの人（笑）。会社員、どころか、絶対に働いている人には見えない「社会における成人」というリアリティがない人で。


「彼女、仕事のできる上司にするんですか？」

「ごめん、みよしさん。彼女、売れてるんだ」


というプロデューサーとの会話の後、撮影。

「君……、あの、あの、プレゼン？　え？　えっと、話はちゃんと話してないとダメでとかあるじゃん」

「は、はい、さすが先輩です」

いやあ、エロい作品にはなりました、売れました。しかし、配信サイトなどでのユーザー・レビューは手厳しかったですね。

「いくらなんでも、できる上司はないだろｗ」

でも、まあＡＶですから、いいじゃないですか。

ところが、本当にしゃべるのがダメな女優さんというのがいるのです。メイク中や食事の時にはうるさいぐらいおしゃべりしているのに、カメラが回るとピタッと口が閉じてしまう。

あらためて、何かをしゃべるとなると、脳がシャットダウンするのでしょうか。

この日の現場がまさにそんな女優さんでした。新人さんというわけではありません。もう何本かリリースされていて、人気もそこそこ。

でも、出演作品が全部、「シロウト・ナンパ物」とか「M女○○」といったタイトルで、いわゆる受け身系の作品ばかり。なのに撮らないといけない作品は、エッチな女の子の下品な淫語という内容。さっそくプロデューサーに不安を伝えます。

「この女優さん、淫語言えるのかなあ」

「言えないんじゃないですかね」

「え〜、じゃ、なんでキャスティングしたんですか」

「こういうウブな子が淫語を言うギャップが売れるんだよ」

「でも、言えないんでしょ」

そして、現場は想像を絶する沈黙に包まれたのでした。

無言のままキス、無言のままオッパイもみもみされて、無言のままフェラチオ。

「ん～、唇がやわらかくて気持ちいい、ヤダ、乳首が敏感になっちゃう、やさしくもんで、強くもんで、うれしいオチ○チン大きくなってる、興奮してるの？　ぐらいは言えなくない？」

と監督の私が怒涛の淫語、といっても超初級編を例に挙げて聞いてみます。

すると、みるみる女優さんの瞳に涙が！

「だって、何言ったらいいかわからなんだもの」

「ごめんねえ。いじめたんじゃないからね～」

さて、スタッフとも相談の上、画期的なシステムが考案されます。

それは淫語お札作戦！

ありとあらゆるところにカンペを張り付ける作戦ですね。その時の撮影は、主観撮影というスタイルで、要するに、視聴者が彼女との時間を共有しやすいように、カメラを目に見立てて、女優さんはカメラを見つめ、カメラに話しかけるスタイルですね。映画では、ＰＯＶ（Point of View）とも言います。

男優の顔が出てこないので、視聴者にとっては感情移入しやすいこのスタイルですが、女優さんにとってはなかなかの難物。

だって、男優が声を出さないから、ずっと一人で話さないといけないからです。ますます、今日の彼女には荷が重い。

まず、ちょっとした前セリフは、カーテンの裏にセリフを書いた紙を貼ります。窓を少し開けて、カーテンを引くふりをしながら、カンペを読みます。

「東京タワーが見える。今日は素敵なホテル予約してくれてありがとう」

こちらを振り向いた彼女が、顔を近づけ唇を重ねます。カンペはカメラのレンズの上に。

「あたたかい……。なんだか、やりたくなってきちゃった……」

男のシャツを脱がせながら、シャツの裏に貼ったカンペ。

「たくましい……。でも、乳首はピンク色で可愛いのね」

と、ここまではいいのですが、全裸ともなるとカンペの貼り場所がなくなります。

そこで、スタッフの一人が名案。

「キン〇マに小さく書き込みましょう！」

「それは名案だ！」

マジックインキでキン○マに「我慢汁」「精子のニオイ」「ニュルニュル」などと書かれる男優も災難ですね。

「じゃ、チン○ンにも書いたらどうですか?」と誰かが提案。

「あれは、膨張したり縮んだりするからダメ!」

結局、女優さんチン○ンを手に持ったり、舌でペロペロしながら、キン○マに書かれた文字をなんとか組み合わせながらつたない淫語にしてしゃべってくれます。

朝は目に涙を浮かべていた女優さんも、こうした努力を経て、少しは淫語を自分で言えるようになってきました。表情もすっかり明るくなります。

「これ、いいね。この後もこれでいこうよ」

「やめてけろ!」

あまりに場違いなキャスティングはほどほどにしてねと願うAV監督でした。

某月某日

炎天下撮影のセーラー服物語の公開は真冬です？

「みよしさん、修学旅行で東京に来た高校生カップルが経験した初めてのラブホといい企画はどうですか」

と、Tプロデューサーが言う。

皆さんは、この提案から何を想像しますか。制服を着た女優と男優がラブホテルでセックスをするAV、と考えますよね。

「なんだ、単純な撮影じゃん」

と思いますよね。

ところが、Tプロデューサーが言うと、事はそんなに単純なものではなくなるのでした。

やはり、AVにもはやりすたりというものがありまして、十年前ならこの企画は男優がカメラを持って、女優さんとラブホテルに入って撮影。いわゆる「ハメ撮り」ですね。あるいは、教室のスタジオを使って、シチュエーションの部分を撮ってからホテル風のスタジオで核心部分を撮影というパターンです。

ま、ハメ撮りは言うに及ばず、スタジオ撮りというのも監督にはラクチンな撮影。移動もないし、撮る内容もプチ芝居とセックス行為だけ。しかし、そういう安穏な状況に甘んじていると、Tさんが叱ります。

「みよしさん、早く終わるのはいいんですけど、もっと時間をかけて粘って素材を作ってください。七時、八時に終わるの禁止！　ロケ場所も三ヶ所以上！」

ひ〜ん。早く終わって、飲みに行きたいのに。

この企画も提案された瞬間に大変なことになるのが予測されました。最近のＡＶ撮影では、ＯＬをオフィスのスタジオで、高校生を教室のスタジオで、ナースを病院のスタジオで撮影するのは「安直」とされています。

別頁で触れていますが、私とＴさんのホームラン作品『僕だけが知っている女上司の裏顔』（メーカー＝本中）も、会社ものですが、オフィス・シーンは一度も出てきません。デート・シーンだけで設定を説明していく展開ですね。

要するに、オフィスや教室が出てきたら、スタジオじゃん！　と逆にリアリティがなくなってしまうという考え方です。

「上野公園と、動物園、浅草から原宿竹下通り、あ、最近は大久保のコリアン・タウンも人気の観光地ですね」とTさん。

「あはは、そうですね」と私。

生憎なことに、ロケ当日は36度を超える猛暑。女優はこなつちゃん、男優は小梅ちゃん。名前が似ているのは偶然です。二人とも高校生にしか見えないかわいらしい若者です。高田馬場の事務所でメイクして、着替えを済ませ、パケの撮影を仕切るTさんが待つ上野公園へ。

炎天下、小梅ちゃんは学ランを着せられて、顔を真っ赤にしています。それを見たTさん。

「なんでこのくそ暑いのに学ラン着てるんですか！　死にますよ。出演者の体調管理きちんとしてください！」

「え〜、Tさんが学ランにしてくれって言ったんですよ」

学ランを着せろと言ったのはTさん。この人、今さら何を言ってるのでしょう。

「え、そうなの？　とにかく、死ぬから学ランやめましょう」

ま、正解かな。小梅ちゃん、本当に死にそうになっていたし。

とはいえ、この日のために購入した学ラン。本物の学ランってコスプレ用品と違って高いんです。大枚一万五千円也。五分着られただけで、衣装ケースの奥に消えていったのでした。

一番、ホッとしたのは小梅ちゃんでしょうね。

午前中、公園界隈でパッケージの撮影を済ませると、Tさんの仕事はここまで。この日は休日出勤ということで「あとは、まかせます!」と自転車を押して、近くのファミレスに消えていきました。

我々の方はいよいよ修学旅行のシーンです。小一時間そこいらをめぐり、汗だくになって戻ってくると、ファミレスのガラス越しにTさんがおいしそうに冷たい生ビールを飲んでいる姿が見えます。

こちらに気がついて、満面の笑顔で手を振るTさん。

クーッ。

「それでは浅草に移動しますか!」

と、ロケ隊は炎天下の中を次なる観光地に向けて移動です。AVを見ている方は、まさか撮影が朝から日が暮れるまで外を歩いているだけなんて想像もしないでしょう。

常軌を逸した湿度、熱で蒸しかえるアスファルト。歌舞伎町ホテル街。夜になってようやくラブホテルにインしました。

ところが、カラミの撮影中に問題が発生。

「体の中に熱が溜まっている気がします。汗が止まってしまった。ああ、頭が痛い。吐きそう」

小梅ちゃんが熱中症の症状を訴えます。水分補給には気をつけていましたが、それでも真夏の日中ロケは過酷です。女優さんでなくてよかった～、なんてクズなことを考えてはいけません。

「大丈夫？」

「大丈夫です！」

見れば、ちゃんとアソコは大きい小梅ちゃん。世間の人はいい加減な職業と思っているかもしれませんが、実生活は知らないけれど、現場での男優のプロ意識はたいしたものなんです。

「うん。小梅、えらい。頑張れ！」

「はい！」

しかし、一分もたたないうちに、「頭が、頭が～！」と勃起したまま悶絶する小梅ちゃん。

「ダメだ！　クリちゃん、スポーツドリンクと氷を買ってきて！」

と的確な指示を出したのは、私ではなくてカメラマンさん。クリちゃんが買ってきた氷を氷嚢に入れて、小梅ちゃんの首にあてて血管を冷やしてくれます。

氷嚢はカメラマンさんが痛風対策のために常に持ち歩いているものです。照明さんが塩飴をくれます。クリちゃんの小型扇風機もフル回転。メイクさんが鎮痛剤を提供してくれます。

なんだか便利な集団だなあ。フルチンのままフーフーしていた小梅ちゃんも、しばらくの後、回復。気合で乗り切りました。

こういう場合、大きなトラブルにならなくてよかったと本気で思います。女優も男優もカラダとテンションをフル回転させる仕事。やはり気が緩むと大きな事故につながったりします。ちょっとやそっとでは音を上げない彼ら・彼女らの体調を観察するのはAV監督の仕事です。小心者向きとも言えますが。

撮影終わって、スタッフと遅い晩ごはん。

「しかし、小梅ちゃんってすごいねえ」

「頭を抱えているのにアソコは元気なままでしたね」

「大事にいたってたらどうなってたんでしょうね」

「再撮影だろ」

「その時の制作費やギャラは？」

「さて、誰が持つんだろう……俺？　メーカー？」

現場ではプロフェッショナルな我々ですが、金銭感覚はこんなものです。ちなみに、猛暑下で撮影したこの作品、発売は冬です。

某月某日

女優の「ファイト一発」で元気回復した還暦男優

私の作品で、おじさんと若い女の子がデートするシリーズがあります。おじさんは還暦一歩前の正真正銘の五〇代。女優さんは二〇歳になったばかりという、親子ぐらいある歳の差三〇歳の夢のような企画です。本当におじさんが好きな女優さんを基本にしていますので、出演する男優陣のデレデレぶりはあきれるばかり。

「おじさんのこと好き?」

「うん、おじさん大好き」

そんなことを何度も言わせて、やにさがった顔で勃起しているおっさんたちの気持ち悪いこと、気持ち悪いこと。

しかし、本当にそんな若い子がいるのかというと、本当にいるから不思議なんですね。個人的にも、二十二歳で七〇歳の彼氏がいる女の子を知っています。先日面接した女優さんも、二〇歳は離れていないとイヤと言っていました。弊社スタッフのクリちゃんも二十五歳でありながら、彼氏は四十四歳です。最近の五〇代、六〇代は昔に比べるとはるかに若いし、若い男の子は草食化して物足りないのかもしれませんね。

「あの撮影ないんですか?」

親しいおじさん男優のTさんからのライン。この人、すっかり味をしめてしまったらしく、自分から営業してきます。思えば、シリーズ第一作がTさん。お相手は現役大学生のRちゃんで、根っからのオジコン。三〇歳差が理想という女子です。マッチング・アプリで出会うという設定は、定番。出会った二人は、原宿や渋谷をお手々をつないでデートです。時折、見つめあってクスッと笑ってみたり、一緒にソフトクリームを食べたりして、ホテルへ。

「おじさん、チュキチュキ」と言われながら、エッチを二回も三回もするなら、Tさんでなくても男優志願したくなるというものです。


「次の撮影、男優決まってます？」

ちょうどこれからキャスティングというところだったので、深い考えなくTさんにしたのですが、後で少し考えてしまいました。

というのも、今度の女優さん、Dちゃんは面接でジャニーズが好きと言っていたからひょっとすると「おじさんでも大丈夫」ぐらいの人かもしれません。「おじさん大好き」と「おじさんでも大丈夫」は似て非なるものです。

案の定、撮影当日挨拶を交わした時も、とても事務的。いつもだと、会った瞬間女優さんからシュキシュキ光線が出ています。

「ん？」

異変を感じて、挙動不審になるTさん。Tさんはとてもメンタルが弱いのです。

「か、監督、今日の子、俺のこと嫌ってる？」

嫌ってるわけじゃないけど、好きなはずもないのが実際のところ。

「う～ん、Tさん、Rちゃんのような感じじゃないけど、嫌ってるわけでもないと思うよ」

「そうかなあ。それだったらいいんだけど、なんか心配だなあ」

さっそく、お散歩です。Rちゃんだとまといつくように腕をからめてきたのに、Dちゃんは距離があります。おまけに、カメラが回っていないと、すぐに離れてしまいます。休憩時間もスマホをいじっていて、少しもかまってくれません。

「監督～。俺立つかなあ」

「何言ってるんですか。男優なんだから、そんなシロウトみたいなこと言わないでくださいよ。ED薬飲みます?」

「う～ん、薬は体に合わないからなあ」

そりゃ、Rちゃんだったら薬いらずでしょう。あの日、一日中立ちっぱなしだったTさん。どうやら、Rちゃんの幻影を追い求めすぎているようです。私の悲惨な体験を話してあげました。

「私なんかね、おじさんが生理的にダメな子を監督することになって、一言も口きいてくれなかったんだよ。私、監督でしょ。演出するでしょ。ハイとかノー以前に、顔も見てくれないから。でも、男優が若かったから、カラミはうれしそうにしていたんだけどね」

「う〜」

逆効果だったようです。Tさんの頭の中に、その女優さんとDちゃんがかぶり、絶望的な気持ちになってしまいました。この人、何考えているのでしょう。Dちゃん、普通に礼儀正しいし、お仕事もちゃんとしています。

なぜか意気消沈したTさんとDちゃんの、盛り上がらないデートの続きを撮影した後、我々はホテルへ。カラミです。

キス・シーンでやたらに遠慮して、舌を出さないTさん。

「どうしたの？」

「い、いや、嫌じゃないかと思って」

もはやネガディブのループ。Dちゃんが助けてくれます。

「全然嫌じゃないですよ。普通にしてください」

「ほんと？」

「もう何言ってるんですか。ファイト一発でしょ！」

　このDちゃんの、おじさんに気を使ってくれた明るい声のリポビタンD〝ファイト一発!〟が利いたのか、Tさんようやく前向きになりアソコも元気になってきました。男ってデリケートですね。キス、前戯と進み、なんとか挿入したまではいいけれど、中折れしてしまったTさん。

「あ、ごめんなさい、ごめんなさい。すぐ立たせますから!」

　Dちゃんはやさしく、キスしたり、乳首を触ったりしてTさんの回復のお手伝いをしてくれます。効果てきめん、みるみる復活したTさん、元気よく腰を振り、無事に撮影終了しました。

　終わってから飲みに行ったのですが、Tさんのセリフがあきれます。

「いやあ、いい子だったなあ。また次も呼んでくださいね」

　誰だよ、嫌われてるだの、大丈夫かなあ、などと泣きごと言ってたのは。迷惑なおじさんです。

某月某日

アレを忘れて「一期一会」となったプロデューサー

本日は、初めてのメーカーさんの初めての撮影。当然、張り切るAV監督です。AV業界もなかなかせちがらく、仕事がなく田舎に帰る監督さんもいっぱいです。そんな中、知らないメーカー、知らないプロデューサーから新しいオファーが来るなんて僥倖でございます。

打ち合わせの日、先方さんの事務所で挨拶もそこそこ、内容の打ち合わせです。

「ラッシャーさんは、人妻物とかどうですか?」

「いや、もちろん得意ですよ。ドラマでもドキュメントでもおまかせください」

こんな作品なんです……と他メーカーの人妻物のDVDを渡すプロデューサー。

「これがヒットしたみたいで、真似というわけではありませんが、この路線をうちもやってみたいなと」

どの世界でもそうですが、あわよくば柳の下のどじょう作戦、そっくり企画はよくあることです。以前など、こういう作品ですと見本を見せられたら、私の作品だった……なんてこともありました。さすがに先方さん恐縮していましたが。

さて、問題の作品は、AV出演募集に応募してきた地方の素人の人妻がプロの男優相手に感動のAV体験をしました、というもの。撮影場所近くの駅まで来てもらい、お迎えがてらインタビュー。スタジオについたら、さっそく男優とのエッチを経験してもらい、感想を聞いた上で二ラウンド、三ラウンドと進んでいく内容。ロードムービー風のドキュメンタリー（風）ですから、カメラは私。必然、監督として出演するわけですね。

もちろん、インタビューの内容などはメーカーさんの方で事前に打ち合わせ済みです。

「乳首が敏感な方らしいので、カラミも乳首責めをメインにしたいと思うんですよ」

「いいんじゃないですか」

「今回は女優さんに会ってもらう時間がないので、少し早めに台本を書いてもらってしっかりチェックしてもらいますが、大丈夫ですか」

「もちろんです」

というわけで、撮影二週間前に張り切って書いた台本は問題なくOKをもらい、はれて撮影日。初めてお会いする女優さんのRさんは、おっとりした小柄な熟女さんで、笑顔がかわいいですね。売れる作品作って、レギュラー監督になるぞ！

でも、そんな時に限って物事が空回りするのはよくあることです。張り切りすぎて、普段しないヘマを連発することって皆さんもありますよね。

まずは、イメージ・シーンのために一眼レフの高級カメラをレンタルしてきたけれど、よく予習しないで来てしまったので、使い方がわからない。

「プロなのに、わからないこととかってあるんですね」

まだこの時は大丈夫。ようやく使い方がわかって、スタジオ近くの公園でインタビューを撮ろうとしたら、もうお昼になっていて、子供だらけ。

AVは子供の映り込み絶対NGです。

あそこだ、ここだとウロウロしている間に、Rさんの顔がくもってきます。

「最初に決めとかなかったんですか？」

「いやあ、朝見に来た時はこんなことなかったんですけどねえ」

静かな場所を見つけて、ようやくインタビュー。AV応募のいきさつや、奥さんのプロフィールがここであきらかに。私が、乳首感じるんですってね、と執拗に聞くものだから。

「こんなところで人に聞かれたくないんですけど」

ああ、ますます沈みゆくRさんの表情。

段取りとしては、この後スタジオで男優とご対面です。一応、イケメン男優を用意しておきました。

「感じいい人ですね」と表情があかるくなったRさん。ありがたや、ありがたや。ようやく撮影もスムーズに流れ始めます。敏感な乳首がテーマなので、男優もそこを重点的に。ラブラブな中にも、本気のアエギ声がまじり、カラミは無事終了。最後に私の出番です。

「いやあ、気持ちよさそうでしたね。どうでした？」

「はい、全部初めてだったので、とても興奮しました」

見れば、目の前に敏感乳首がかわいく湯気をたてています。

「これかあ。確かに、敏感そうな乳首ですなあ、ひひひ」

と、指を近づけるふり。

突然、警戒するRさん。

「え？　これ聞いてないです」

「なにが？」

「監督が触るなんて聞いてないです」

「いやいや、まだ触ってないよ。それに台本にも私が登場するってあるし」

この辺の微妙な距離は確かにとらえ方にもよります。でも、あらゆるセクハラ案件と同様、本人がイヤだと感じれば、それはセクハラです。まあ、すべての監督、男優は気をつけた方がいいですね……。お前が言うな？

撮影はまだ始まったばかりです。こんなところで、トラブっていては、先に進めません。

「さっきメイク室で、女優さんとも話し合ったんですけど、変な誤解を生まないように、台本に具体的に書かれていないことは、やめときましょう」とプロデューサー。

「そうですよね。ま、私も悪かったし、それでお願いします」

Rさんも了解してくれて、撮影再開。

しかし、ここで私、気がつきました。台本に、カラミの流れが書いてあるのはいいのですが、次のシーン、キス、乳首責め、クンニ、手マン、潮吹き、挿入と書いてあるのに、なんとフェラが抜けているじゃないですか。

げっ、フェラがない！

よく見ると、その次のカラミも。

「これ……どうしましょう」と私。

まあ、あらためてRさんに相談すればいいのですが、ＡＶ業界を代表する小心者の私、プロデューサーが話してきましょうかと出て行こうとするのを、押しとどめ。

「いやいや、やめときましょう。台本通りがいいですよ」

かくして、この作品、最初のイケメン男優とのセックス・シーン以外一度もフェラが出てこないことに。おまけに、撮影中に照明が壊れるわ、録画メディアの予備がないわ。この様子をつぶさに見ていたプロデューサー。

撮影後、またよろしくお願いしますねと挨拶する私に、首を横に振り。

「また何かあったらよろしくお願いします」

これね、「また何かあったら」ですね。絶対に何かなんてありませんね。

事務所に帰ると、スタッフが、

「監督、照明の予備ありました！　でも、スタンド忘れてきました！」

やれやれ、こうして初めてのメーカーさんに迷惑を山盛りかけて撮影は終了。

後日、発売された作品のユーザー評価を見ると、乳首責めがよかったと意外な高評価。そっか、フェラなんて全然テーマになってないから、誰も気にしなかったのね。

某月某日

ハゲ好きの忖度ゼロの「アダルトギャル女優」たち

熟女、ロリ、妹系、巨乳、反対にチッパイ（貧乳）、巨尻など年齢、身体的特徴に由来するジャンルは多々ありますが、属性由来のジャンルでユニークなのが「ギャル」です。

「監督はギャル苦手でしょ」

メールで送られてきた宣材（女優のプロフィールと写真の載った書類）を見ながらアシスタントのクリちゃんがからかいます。

「なんで？　好き。大好きですよ！」

と言いつつ、宣材を覗き込むと、ガングロ、まっキンキンの髪に、ピンクにシルバー、赤、緑にゴールドのいつでも人を刺せそうな巨大な付け爪！

「超かったるいんだけど～」

と、写真が語っているKちゃん。また、派手なお姉ちゃんを撮影することになったなあ。本日はギャルの撮影です。

実のところは、ギャルは嫌いじゃないけど、少し苦手なジャンルではあります。なんといっても、コミュニケーションが独特すぎ。

「おはようございま～す」といつものように明るく、元気に挨拶する私ですが、無視するKちゃん。

「お、おれ、なんか悪いことした？」

「朝だからじゃないですか」とクリちゃん。

一方、メイク室からはテンションの高い笑い声が聞こえてきます。私、オヤジだから相手にされないのかなあ。気を取り直して、台本の説明をするためにメイク室に入ります。

「今日はよろしくお願いしますね」

「お」

お？　でも、今度は笑顔だ。必殺、オヤジギャグ、帽子を取ってハゲ頭を見せます。

「受ける〜。ハゲじゃん〜。可愛いんだけど！」

やったあ！　と私。

「よかったですねえ」とクリちゃん。

もちろん、ギャルにもいろいろいるのでしょうが、だいたい言えるのは、その場その場で関心のあることには反応するけれど、関心のないことには全然反応しないという特質。まわりの空気を読むとか、相手がどう思うかといった忖度をまったくしないのがギャルという存在です。

だから、朝Kちゃんが私を無視したのも、特に深い意味はありません。多分、視界に入っていなかっただけなんじゃないですかね。

今回の企画は、若い男が、まじめな可愛い彼女がいるのに、ギャルとアプリでマッチング。やめておけばいいものを、つい出来心でデートしたら、一日中振り回されて、何度もやらされました……というお話です。

最初のデート・シーンは、カメラ目線ということで、カメラを持っている私が相手役。Kちゃんの一人セリフで顔が出なければ、相手は誰でも同じです。

ファミレスに入って、ランチを食べるシーン。私が向かいに座って撮っていましたが、これが怪しすぎる。

パンツ見えそうなミニスカのど派手ギャルに、ハゲおやじ。

誰がどう見ても援交でしょ！　しかも、大げさになるのを避けるために、スマホで撮っているからなおさら。

しかも、セリフが……。

「この後、ラブホ行くよね。騎乗位好き？　ヘタレでもいいよ。私が腰振ったげるから、そっちはピュッピュッ中出ししてればいいんだよ」

忖度のないギャルは大声です。

私、どんなオヤジ？　ヘタレ？　ピュッピュッと中出し？

もちろん、これは相手の男の子に言っているセリフなのですが、まわりからはそんなことわかりません。

周囲の視線はどんどん厳しいものになってきます。

「Kちゃん、もう少し声小さくならない？」

「え～、なんで～？　気にしなきゃいいじゃん」

ギャルはいい加減に見えて、ちゃんと仕事しますから、セリフも台本に忠実。なおかつ、ギャルは元気ですから、そこもきちんと演じています。私になんの文句が言えましょう。

というわけで、ファミレスを後にして、男優とも合流してスタジオへ。ギャルが「おまえ、彼女をもっと大切しないとあかんぞ」とパンツ丸出しで説教するところから始まります。そんなことを言っておきながら、展開はセックスへ。さきほどの、ヘタレな僕が騎乗位で何回もピュッピュッと出されちゃった……というシーンにつながっていくわけですね。

相手のことを「おまえ」と呼ぶのってギャルらしくていいですね。Kちゃんはギャルなのですが、頭がいいのでAVでおっさんたちが求めているギャルを演じている部分もあります。そうでないと、もしカラミが興味のないシチュエーションだったら、とんでもないしょっぱいものになってしまいます。

さて、撮影は無事終了。シャワーを浴びて、Kちゃんはメイク室へと姿を消します。

「Kちゃんって、なんかちゃんとしてるよね」と私。

「そうですよ。ギャルって見た目で誤解されるけど、いい子多いんですよ」とクリちゃん。

現場の片づけを終え、Kちゃんのところに挨拶に行きます。

メイク道具を片づけていたメイクさんに聞きます。

「Kちゃんは？」

「え?　とっくに帰りましたよ」

え〜、挨拶もせずに?

ギャルは、やっぱりギャルでした(笑)。

某月某日

女子高校生に「集団逆レイプ」された男優のうめき

ギャルついでにちょっと昔話を。過去作品の収納棚を整理していたクリちゃんが、変な作品を見つけました。

『集団痴女コギャル』『コギャル二〇〇人修学旅行』『コギャル一五人のマン淫バス』といったタイトルと、大人数のコギャルが「チョベリグ」しているパッケージ。

「なんですか、これ?」

「また、古いものを見つけましたなあ」

つい先日、ギャルの撮影をしたばかり。その際にギャルというジャンルの話を書きましたが、そういえばこんなジャンルもありましたね。

とにかく元気押し。一〇人、二〇人というコギャルたちが、制服やギャル服で笑っています。見るからに、集団逆レイプしそうなイケイケの楽しい雰囲気です。

今をさかのぼること二〇年ほど前。街にはコギャルがあふれかえっていました。ブルセラ、援交などという言葉とセットになって、あんなヤツらはどうせお股がゆるかろう……という勝手なオヤジ解釈に基づいて、コギャルがエロ本やＡＶの主人公になっていた時代ですね。

もちろん、本物の女子校生じゃありません。でも、ついこの間まで女子校生やっていたような若い女優さんたちが集められ、スタッフに引率されてロケ地へＧＯ。

「楽しそうですねえ」と若いクリちゃん。

いやいや、これ大変な撮影だったんですよ。とにかく、人が多いというだけで大変。移動はバスをチャーターしますが、新宿の集合場所からもう大騒ぎ。あちこちに散らかったギャルたちをかき集め、なんとかバスに押し込めると。

「は～い、皆さん、今日はよろしくお願いしますよ！　えっと、みんな来ているか、はじめに名前を呼びますから挙手してくださいね～！」

仕切り役のＡＤさんがマイクを持って点呼を始めます。

「瞳さん」

「は〜い」

「みずきさん」

「は〜い」

「まいかさん」

「……」

寝ているまいかさんの体をゆすって友達が起こします。

「むにゃむにゃむにゃ」

点呼が済むと、監督からのご挨拶というわけで、私にマイクが回ってきます。

「はいはい、おはようございます。監督のラッシャーみよしで〜す」

もはや学校ですね、これは。そして、リアルなクラス同様、中心人物になる「生徒」の性格に雰囲気は大きく左右されます。リーダーシップを発揮して、クラスをいい方向に統制していくギャルもいれば、人の話を無視してしゃべり続け、まわりもそれに影響を受けてクラス崩壊を招く問題児ギャルもいます。

これはその時の運。私たちの力ではどうにもなりません。

たいてい修学旅行という設定なので、ロケ地はＡＶ撮影がＯＫの関東圏のホテルや旅館に行くのですが、もちろん、道中でもカメラは回します。

「は〜い。みんな一斉にオナニーしますよ〜。パンツは脱いでくださいね〜」

「は〜い」

おかしな修学旅行ですね。

「はいはい〜、今からいじめられっ子の○○君がみんなにハダカにされて、お口で犯されちゃいますからね〜。○○君が自分の席にまわってきたらフェラしてくださいね。あ、まだイカさないでくださいね」

すると、点呼の時に寝ていたまいかさんが、

「私、うますぎだから、抜いちゃうかも〜」

「ワハハハ」

と、大騒ぎをしながらバスは一路目的地へ。

「田舎のバスはおんぼろ車♪」

昭和三〇年、三木鶏郎作詞・作曲、中村メイコさんが歌った昭和の名曲『田舎のバス』を合唱させる私。なんか楽しい。

追い越していくトラックの運転手がこちらを覗き込んで、驚いています。

今はこんな撮影はできないですよ。外から見えてはいけないというので、撮影できる場所にバスを停《と》めてカメラを回します。

とはいえ、さすがにセックス・シーンを覗かれるのはまずいので、本格的なエッチはロケ地についてバスをしかるべき場所に停めてから。

この時のハイライトは〇〇君が全員にやられちゃうシーン。確か女優さんは一五人でした。全員がカラミ？　となると、ギャラの総額は途方もないことになります。そこでプロデューサーが名案を考えました。

起承転結ガッツリとカラミを撮れば、カラミ一回分のギャラが必要だが、一分出し入れするだけなら十分の一でいいんじゃない？

そんなふざけた話がモデル事務所との話し合いでまかり通ってしまい、今回は本来エキストラ扱いの子たちも全員「一分間挿入」。

約束が違うと、後でクレームをつけられても面倒ですから、ここは厳密にタイムキーパーをつけてストップウォッチで計測します。

「は〜い、では、打ち合わせでもありましたように、今から全員でセックスしますよ〜」

バスの床にあおむけに寝かされた〇〇君を順番に跨ってやっちゃうという設定。タイムキーパー、コンドームを交換する係のADがスタンバイし、瞳ちゃん、みずきちゃん、まいかちゃん……といった具合に、一人一分経過しては、ササッとゴムチェンジして、次の人。
○○君、眉間に皺を寄せてイクのを我慢しています。
「へえ～。名器あり凡器あり。一度に一五人も経験した男優なんていないでしょうね」

とクリちゃん。

「ゴミ袋がコンドームだらけで気持ち悪かったよ」

なんだか少し懐かしくなってしまった集団コギャルAVでした。

某月某日

「便秘監督」見事にヒットの「女上司」もの

今夜は、Tプロデューサーがお祝いをしてくれるというので居酒屋飲み。なんのお祝いかというと、どうやら私がヒット作を出したらしいのです。それもホームラン！

私、いつも言われていました。

「みよしさんはね、赤字にはならないんですよ。中身もエロくていいんだけど、商売的にはワクワクしないというか……」

要するに、安打は打つけど、単打かせいぜい二塁打。ドカンと一発大物が出ない、便秘みたいな監督だと言うんですね。出そうで出ないホームラン。それが……。

「みよしさん、やりましたよ。ホームラン打ちましたよ！」

とTさんのはずんだ声。苦節三五年、ついに……というのは大げさですが、Tさんの所属する大手メーカーで大きいのを打ったのは初めてかも。AV監督も実績商売ですからね、いくら担当した女優次第といっても低迷が続けば、仕事も減っていき、やがては引退して、田舎に帰らないといけなくなります。

「佐伯さんで売れたのがうれしいですよ」とTさん。

「佐伯さんに足向けて寝れないです」と私。

佐伯さんというのは佐伯由美香さん。マニア畑の女優さんとしてはそこそこの知名度はありましたが、一般AVの世界では無名の女優さんでした。つまり、企画が女優さんとの相性とあいまって当たったということです。

酒を飲みながら、佐伯さんとの出会いを思い出します。

作品名は『新宿に出没！飲み屋で出会った二人組のお姉さんに敏感乳首をイジリ倒され射精させられ続けた僕』

内容は、酒豪女優二名が、若い男優を一人連れまわして、ハシゴ酒ならぬハシゴ抜き。飲み屋ロードムービーです。ベテランの加藤ツバキさんと佐伯さんが抜擢されて、若手男優のダイちゃんをあちこちの飲み屋で射精させます……。

話はそれますが、AVの企画は身近に起こったこと、見たこと、聞いたことから始まるのがベストです。あまりに妄想的でファンタジーなものは、現実味がないというのでヒットしません。

このハシゴ酒AVは、私がSNSで見つけた写真から始まりました。朝帰り、デロデロに酔っぱらったホストと、二人のギャルが左右から彼の手を肩に回して並んで歩くスリーショットの写真でしたが、ホストのシャツは前がはだけられ、両側からギャルたちが笑いながら乳首をつまんでいるのです。

「うわあ、これいい！」

かくして、乳首責め飲み歩き。加藤さんも佐伯さんも男の乳首大好物ですから、一晩中いじりたおして、ダイちゃんの乳首は赤く腫れています。四件目に入ったバーでは、二人ともベロベロ。そこに仲良しの女友達やTさんまで合流して、酒池肉林（T

さんは見学ですけど）。ダイちゃんの体は女子たちに囲まれて見えなくなっています（笑）。その時に、Tさんは「佐伯の発見」をしたのでした。

「佐伯さんいい！　母性溢れる痴女をやらせたら日本一や！」

というわけで、生まれたのが『僕だけが知っている女上司の裏顔。もの凄いジュポフェラで竿がバカになるまで焦らされ続けたデート後の猛烈なベロキス中出し 人事部：主任 由美香さん』でした。

私も佐伯さんで撮影することに異存のあるはずがございません。

作品は「みよしさん、スタジオでラクして撮ってるだけじゃ終わりますよ」というTさんの叱咤により、やはりロードムービーに。

女上司の佐伯さんからデートに誘われた「僕」が経験したものすごい一日、というお話ですね。男優はまたもやダイちゃん。見た目は平凡な二〇代前半の男の子なのですが、勃起力が人並はずれているせいで、撮影中萎えることを知らないスーパー・ペニス。

まずは新宿駅そばでデート・シーンを撮影。そのまま歌舞伎町のラブホテルに直行です。

しかし、セックスはおあずけ！　誘っているのが当の上司なのに、セックスおあずけって変ですね。「僕」はしたくて仕方ないのに、ず〜っとお口だけで我慢させられて、頭が変になってからようやくご褒美にセックスというストーリーなのです。

我慢している姿が可愛い……という感情の表現が命の作品です。

ここで描かれるのは、セックス好きの肉体派淫乱痴女ではなくて、男の子が頑張ったり、泣いたり、叫んだりするのを愛おしく思う母性溢れるお姉さんの姿なんですね。Tさんの言う母性痴女とはこのことです。

だから、ラブホテルでも公園のトイレでも、上司の家に行ってさえも、延々と続くフェラとおあずけ。

佐伯さんは、蛇のように長い「蛇舌」やフェラテクで売っていた人なので、ダイちゃん、もう大変です。

ジュビジュバーッ、ジュビジュバーッと鳴り響くフェラ音。「うわあああ〜」と鳴り響くダイちゃんの悲鳴。無類の勃起力を誇るスーパー・ペニスでないともちません。そして、最後の最後に獣のようにやりまくるという「カラミが最後に一回しかない」という大変に珍しい作品になったわけですが、作品のテンションはカラミ十回分ありました。

しかし、ファミレス行ったり、居酒屋行ったり、ラブホテル行ったり、公衆トイレ行ったりと、最後に上司の部屋というテイのスタジオまでたどり着くのに丸一日。

「ま、見ている人にはわからないかもしれないけど、そういう努力って大切なんですよ。作品に出ますよ」

まあね、私も普段からラクばかりしようとしているわけではありませんが、もうひと踏ん張り作品に対して執着心を持たないと、人の評価は得られないと思いました。

しかし……。ヒット作の宿命。この後「僕の女上司」ネタのオファーがいろんなところから殺到して、毎月、毎月、ラブホテルに行って、居酒屋に行って、トイレに行ってという撮影が続くことに。

「たまには、スタジオ一か所でまったり撮影したいなあ……」

と声になりそうなのを飲み込んで、ＡＶの神様に感謝。

こんな六十七歳のじいさんでも、頑張れば仕事が来るんだ。ホント、ありがとうございます!

某月某日

「早く終わってよかったわね」と女優に言われたら？

今日は朝から乗り気がしない撮影。

いや、女優さんがなんにもできないとか、プロデューサーがうるさ型というわけではありませんよ。その逆で、女優さんは仕事ができるし、プロデューサーもニコニコ穏やかな人。じゃ、いいじゃないか！　と言われるかもしれないけれど……。

監督の苦労は各種無限に存在するのです。

今日の女優さんは、○○さん。業界歴10年近くにならんとする大御所です。とはいえ、まだ若いのですが。

その彼女で企画されたのが、いわゆる痴女物。エッチなお姉さんが、弱気なM男ちゃんに性の指導をしてくれるという例のアレね。

例外はありますが、痴女物といえば新人の女優さんにはなかなかハードルの高いジャンルで、その理由は、いっぱいしゃべらなくてはいけないし、プレイも男優ではなく自分が仕切って、リードしていかないといけないから。

くわえて、痴女のお姉さんというのは男を下にして、マウントを取る存在ですから、美しくなくてはいけない。

顔騎（男のお顔にまたがって、ご奉仕させるプレイ）や騎乗位だって、背筋をしゃんと伸ばして凛とし、あくまで目力あふれる視線を相手に送り続けなくてはいけません。

「気持ちいい？　感じてる？」

なんて言ってるようでは、ダメです。

「ほら、キン○マがキュッとなってきた、精子のニオイがプンプンするわよ。気持ちいいと、どんどん亀頭が膨らんでくるの。ほら、先っぽだけグリグリしてあげる。M男ならいい声だして、ごめんなさい、もう我慢できませんって泣き声だしてごらんなさい。お姉さんはそういう姿を見るのが好きなのよ」

ぐらいは、最低でも言えないと、痴女になりません。

気持ちよくってフニャフニャになったり、イクイクとよがり声をあげてしまっては台無しです。

痴女物が初めての女優さんによく言うのは、

「キスする時に目を閉じないでね」

「フェラする時も目を閉じたらダメよ」

「イッたら負けだから、イクイクはなし」

要するに、痴女とはセックスで気持ちよくなるのではなく、相手が気持ちよくなっているのを見るのが好きな人。

というスタイルを演じてもらうのが、演出の基本形なのです。


これ新人さんにはなかなかできることではありません。必然、ベテラン勢の職域になるのですが、今日の○○さんは完璧。

一時間でも淫語を語り続けることができるし、みずからのカラダに対する意識が高いので、何をしても美しい。おまけに、テクニックがすごすぎ。

ところが、監督というのは欲張りなんです。

自分の見たいものがあると、やたらに執着して、少しでも違うと、

「ん〜、違う、違う、違うの!」

とダダをこねて、現場が止まる。そして、そういう時というのは、たいてい演者には何を言っているのか全然伝わらないことが多く、NGも二、三回出されるとイラッとされます。

「なにすればいいわけ？」

おだやかな女優さんであれば、お母さんのようなやさしさで「はいはい、みよし君」とお付き合いしてくれることもありますが、気の短い女優さんだと怒ります。

「監督の言ってること全然わからへん！」

「ひ～、ごめんなさい」

「あやまるとかそういうことじゃなくて、撮りたいことを言葉で説明してくれないと何していいかわからへんでしょ」

「う～」

「ひょっとして、自分でわかってないん？　それ、人にさせる前に整理しない？」
○○さんは、いつも弾丸のように言葉が飛んできます。淫語が弾丸なのはいいけれど、説教の弾丸、まして関西弁の弾丸は怖いです。ますます萎縮して、ますます何を言っているのかわからなくなります。
朝から胃が痛いことわかってくれました？

そして、案の定、撮影開始から早々と弾丸を浴びる私。そう、最近の私は痴女に癒しを求めるのがトレンドなのです。だから、なるたけ行為をゆっくり、まったりと演じてもらいたいのです。

彼女がポンポンとテンポよくアドリブで展開していくたびに、私が「いや、それまだ次にいかないで」と止めていたのでは、彼女も仕事の邪魔をされているようなものです。

時間の問題は大きいんですね。見つめる、話しかける、行為を始める、行為を展開していく、これらのことにどれぐらいの間を入れていくか……。これが痴女物の、いや、エロ作品全体の個性を決めます。

とはいえ、見つめるの一〇秒、キス三〇秒、その後、フェラ一〇分なんて細かな取り決めも、なんか違うでしょ。

言葉にしにくい、これらのことを説明しようとすると、どうしても「あ〜、う〜」になってしまうポンコツ監督。

あ〜、う〜、言っていたのでは、先に進まないので、〇〇さん。

「もういいから。モニターの横に時計を置いといて。三〇分のコーナーね。自分でやるから」

そして、カラミ撮影が始まり、なんと男優が射精して、コーナーが終わったのがぴったり三〇分！

「おおっ！」と現場にスタッフたちのどよめきと称賛の声。

でも、私だけ涙目。

ボクが撮りたかったのはこれじゃないのに……。映画『カメラを止めるな！』の監督さん役みたい。


仲良しの監督さんに、女優に尺を聞かれるのが一番イヤだ、という人がいます。出演者からすれば、このコーナーがだいたい何分くらいのものか知りたいのはそれほどいけないこととは思いませんが、この監督にとっても時間や間がとても大切なんでしょうね。

ある意味、できすぎの女優さんは、ダメダメ女優さんや理不尽プロデューサーより恐怖の対象かもしれませんね。

贅沢な悩みです。

「お疲れ様。今日も早く終わってよかったわね」

「はい～。〇〇さんのおかげです。ありがとうございましたあ～」

ＡＶ監督は常に腰が低いのである。

某月某日

修学旅行で楽しいのは女教師の「挟み撃ち」だった？

今回の撮影は「挟み物」。聞きなれないジャンルでしょ。でも、パッケージの写真などを見ればすぐにわかります。

女優さんが二人出演して、一人の男優を左右から挟み撃ち。内容の性質上、巨乳、グラマー、豊満系の女優さんが起用されることが多い企画です。

若いプロデューサーがお話を持ってきました。

「みよしさん、挟み撃ちやりますよ。やったことあります？　撮れます？」

四〇歳近く年下のこのプロデューサーは、年配者への敬意などどこ吹く風、いつも人を小ばかにした話し方をしますが、彼がこんなことを言って喜んでいるのを知っているので、かわいいなあ……と思ってしまうおじいちゃん監督でした。

ただ、性格が几帳面なのが少し面倒で、撮ってほしいシーン、ポーズなどを他の作品から探してきて画撮し、それを細かに企画書に貼り付けてリクエストしてきます。

「あれえ？　この写真、私が昔撮ったやつですよ」

そこには自分の過去作品がけっこう貼り付けてあります。

「あ、そう？」

わざとかどうかわかりませんが、四角四面のプロデューサーが多い中、私は遊び心のあるこの人が好きです。

企画は、修学旅行の宿泊で一人あぶれてしまった男子生徒が、女の先生二人と相部屋になり、痴女られちゃうというもの。

女優さんは二人ともバスト九十五センチほどの巨乳さんです。

「修学旅行だったら、旅館ロケですね。そんな都合いいところ、あるかなあ」

「探しといてね」

見つけたのは、廃業したばかりの群馬県の山中にある旅館。残念なことに、先日火事でなくなってしまいましたが、こういうロケで忘れ物をすると大変。

すると、やはり男優が制服を忘れてきました(笑)。

「黒いスラックス、白いシャツ、ローファーを持ってこいと言ったやろ！」

忙しいのに、山を下りて衣装を買いにいかされるADも大変です。

でも、まあ、こういうのはロケあるあるです。私は絶対に怒らないようにしています。怒ったり、大きな声を出したり、感情をむき出しにしていいことなどあるわけがありません。

そんなことより、挟み撃ちのフォーメーションのおさらいで頭の中はいっぱい。挟み撃ちは単なる3Pではないのです。

常に男を挟んでいる形でカラミが進行しないといけません。以前に、別のメーカーで挟み撃ちを何回か撮ったことがあり、初回は大変苦労しました。

現場でいきなりフォーメーションが浮かんでこないのです。両側からオッパイで顔を挟んで、その後シンメトリーで下半身に下がり、両側からチンコを挟んで変則パイズリ、それが終わったら男優を裏がえして、一人は男優の下に、もう一人は背中にかぶさってソープのボディ洗いのように前後に体をすべらせ、次に下の人は体の向きを逆にしてシックスナイン、上は首をまげて二人で同時フェラ……。

というようなことが現場でアドリブでスラスラ出てくるわけがありません。しかし、これも経験。何度か撮影しているうちに、フォーメーションA、フォーメーションBと各ポーズに名前がつけられ、現場スタッフ全員がそれを共有して、女優さんたちにすみやかに指示を出せるようになりました。しかし、それは何年も前のこと。

「みんな覚えてる?」

「忘れちゃったよ」

「フォーメーションAってなんだっけ？」

「A、B、Cぐらいなら覚えているけどさ、D以降は無理」

ああ、頭がいっぱいになるのを理解していただけますか。

しかし、ここでプロデューサーのポーズ写真付きの詳細な企画書が俄然威力を発揮しました。面倒どころか、これがないと撮影時間が倍になっていたかも。


修学旅行の相部屋といえば、川の字布団です。両側にきれいな女教師が寝ています。ドキドキしていると寝相の悪い先生たちが、ユカタの胸元をはだけながらどんどん近づいてきて、両サイドおっぱい圧迫挟み撃ち。やがて先生たちは確信犯に。声を出そうとした「僕」の唇にシーッと指をあてて、両側からキス。両側からおっぱいで口封じ。一人はそのままお顔を圧迫、もう一人は下に下がってパイズリ開始。二人でパイズリ、大きくなったチンコを二人でスマタ挟み撃ち。いざ、セックスとなると、前後騎乗位、授乳ポーズ付騎乗位、対面座位では入れていない方の女優さんが後ろから乳首責めとボディ洗い、正常位ともなると上下でサンドイッチ。

ごめんなさい。何を言っているのか、わからないですよね。

ともかく、このような複雑怪奇なフォーメーションを取り入れていくわけです。シリーズ化になると、このフォーメーションはチームとして共有され、いよいよ進化することになります。

「おお、思い出した」とカメラマン。

とはいえ、ロケは群馬の山奥です。東京に帰り着く頃には電車もありません。すでにヘロヘロのＡＤさんに指示。

「疲れてるところ悪いけど、女優さんたち家の近くまで送ってくれる？」

「いいですよ」

と、それを聞いた女優さんたち。

「あ！　新宿でいいですよ。私たち飲みに行くんで」

なんていい人たちなんだ。というより、なんて元気な人たちなんだ！

私とＡＤは彼女たちがクラブで盛り上がっている時間には、泥のように事務所で寝ていました。

某月某日

潔癖症女優は、あの後はうがい三昧？

セックスを崇高という人はいるかもしれませんが、セックスを衛生的という人はいないと思います。しょせんセックスは肉体と肉体の合体ということで、汗も体液もばい菌も行ったり来たりのまさに人くさ〜い循環作業。

でも、そんなこと全然おかまいなしというのが普通の男女の営みなわけです。

ところが、これが潔癖症の人となると、なかなか大変なことになる。

キス？　舐める？　ひょえ〜、そんな恐ろしいことができますか？

というわけで、我がＡＶ業界を鑑みても潔癖症と仕事はあまり相性がいいとは言えません。

いくら感染症対策で、月に一度の性病検査が義務付けられ、例外を除きセックスはコンドームを使用していますといっても、キスやフェラ、クンニまでコンドームをつけるわけにはいきません。

でも、潔癖症も一種の病気と考えれば、そんなハンディ背負ってでも頑張っている女優さんがいたら応援してあげたくなります。

でも、こういう潔癖さんはヤバイです。

この日は、デビューしてまだ一カ月くらいの熟女の女優さんの撮影。一週間前の監督面談の時から、印象はよろしくなかったのですが、その理由は全然笑顔を見せてくれないということ。それと、ひとつ気になったことがありました。

「ウェットティッシュはアルコール含有のものでお願いします」

「何に使うのですか?」

「え?」

この制作会社大丈夫かいな? といった目で私を見おろしながら、彼女は続けます。

「普通アソコを消毒するのに使いませんか?」

そんなの絶対ウソ。アルコール含有のウェットティッシュなんかでチンコや女性器拭いたら飛びあがります。

だから、私たちは、現場ではアルコールを含まない肌にやさしいウェットティッシュを用意しているんです。アルコール入りのものは、テーブル拭いたりするのに使います。

「信じられない、この現場……」という彼女の心の声を聞きながら退散。

ん〜、何か嫌な予感がする。攻撃型女優さんに、潔癖症という武器が加われば、これは最強のサイコ現場になるかも……。


というわけで、この日の撮影は朝早々に戦いのゴングが鳴り響きます。

「おはようございま〜す」と満面笑顔の私。

ニコリともせず、形式的に挨拶を返す女優さん。

立場の弱いADさんたちにいたっては、返事もしてもらえません。

朝が弱くて不機嫌な女優さんというのはそこそこいるのですが、この女優さんはスタッフ、監督、はたまたそこに居合わせるすべての人、物に対して身構えて攻撃的になっています。

「ガオーーッ！」

ひ〜、怖い、怖い。それでも、今日一日を実りあるAV作品にまとめあげていくのが我々の仕事です。

異変は、準備早々始まります。

本日のお相手は、鮫島君。当代一のヤリチン、キン◯マ野郎ですが、穏やかな性格で、人当たりがやわらかく、女優さんたちから好かれている男優さんです。どんな大変な女優さん、好き嫌いの多い女優さんでも、めったにNGにされることはありません。

モノが大きいのがたまに傷ですが（大きいがゆえにNGになる男優さんはたくさんいます）、「鮫島君のアソコは砂肝みたいでやわらかくて痛くないから好き〜」などと変な褒められ方をして許されている人気男優。

そんな人畜無害な鮫島君なのに……。

一日中、汚物扱いされて見てられません。いや、まあ、あまりのことに笑って見ていましたが（失礼）。冒頭、キス・シーン、撮り終わった直後に、女優さんコップに水を催促して、本人の前でこれでもかとばかりに何度もうがい。

ガラガラーッ、ペッ。何度もくりかえされるその様子を見つめている鮫島君の目が悲しそう（笑）。

撮影をしていると、途中でうがいをしてもらうことは普通のことですが、何もこんなに盛大にしなくてもと、鮫島君がかわいそうに思えてきますね。

さて、次のカットは、鮫島君が女優さんのオッパイをペロペロと舐めます。今度は、撮り終わった直後に、アルコール含有のウェットティッシュが登場。鮫島君が舐めたところを、丁寧に何度もフキフキする女優さん。

　その様子を悲しそうに見つめる鮫島君。

　きわめつけは、フェラでした。心はこもっていないとはいえ、一応は絵になる程度のシーンを撮り終えた後。

　ガラガラーッ、ペッペッ。グチュグチュグチュ、ガラガラーッ、ペッペッ。

　いつ果てるともなく続く、うがい。

　ふと、鮫島君のアソコを見ると、さすがにしょんぼりとうなだれています。

「鮫島君、大丈夫?」

「大丈夫っすよ。すいません」

　場にいた全員が、このコーナーが永遠に終わらないことを覚悟した時、鮫島君がスクッと立ち上がり。

「やりましょう」

　おおっ、雄々しく立ち上がった砂肝!

　男優ってすごいですね。普通の男子がこんな場面に遭遇したら、その場がダメなだけじゃなくて、トラウマになってあと後まで尾を引きそう。

ま、今回の例は特殊といえば、特殊。そこまでうがいして仕事しなくても……と思ったのは私だけでしょうか。

潔癖症の女優さんには何人かお会いしたことがありますが、たいていは「気を悪くしないでくださいね。私、ちょっとこういう癖があって」と、やさしく声をかけてくれました。

同じ、手拭き、うがいでも、これだけで心が和みます。むしろ、応援したくなります。

あとで、ＡＤが私のところに近づいてきて、ティッシュの箱を見せます。

「彼女、全部使い切りました！」

なんだかとっても疲れた一日だったなあ……。

某月某日

「男千人斬り」の猛女にビンタされたワタシ

今日は新人さんのデビュー作品を撮影する日。

私なんか昭和のエロおじさんですから、どうせ古いエロしか撮れないだろ（それを撮れる希少な人という誉め言葉でもあるんだけど）と思われていて、若くてキラキラ、キラリンな新人女優さんの担当になることなどめったにないんです。

それが珍しいことに、今回は新人デビューをよろしくと担当プロデューサーから。

「みよしさん、男性経験千人。彼氏がいるのに、セックスは別物と豪語している子がいるんですよ。しかも、大学でインターハイまで出たアスリート」

「すごいですねえ。で、なんの競技ですか」

「なんだっけなあ……」

適当だなあ……というのはともかく、キラキラキラリンかと思ったら、千人切りの猛者ということで私に仕事がまわってきた次第ですね。

それでも、AVは初出演、本人にも記念だし、視聴者の皆さんにとっても「初めて」を見るいい機会。インタビュー、AV男優との初めてのセックス、ご本人の語るエピソードの再現、またはAVでご本人がやりたいこと。これAVデビュー作品の定番メニューです。

今回の新人さんは、女王様を一度してみたいとのこと。数多い経験にもかかわらず、男をひれ伏せさせて「オーホッホッホッ」と高笑いをしたことがないそうな。

そりゃ、まあお安い御用でと、M男の男優を手配していますが、まずは彼が来る前に撮影前の打ち合わせ。

細身で身長も170以上。なかなかの女王様ぶりです。

「どんなことすればいいんですかねえ」と女王様、じゃなかった新人さん。

「鞭、ローソク、ビンタですかね」とスタッフのクリちゃん。

「え〜。そんなことできませんよ〜」

「大丈夫、大丈夫。そうだ、監督で練習したらいいですよ」

「監督さんで！」

「あ、これドMですから、ばちこ〜んとビンタしてやってください」

下っ端のくせに「これ」と呼ぶな（笑）。

無理です、無理ですと遠慮していた新人さんですが、ついにクリちゃんにのせられて……。

「じゃ、ちょっとだけですよ」

「遠慮したらダメですからね。こういうのは思い切ってやらないと、やり直しになりますから」

「ん〜、できな〜い」

の言葉とともに目にも止まらない高速スピードの見事なビンタがバチーン。空手で言う掌底《しょうてい》打ち気味にアゴに入ったからひとたまりもありません。

一撃で脳震盪をおこし、その場に倒れこんだ私。

「わ！」という周りの声がかすかに聞こえました。

時間にすれば数秒なんでしょうが、意識が戻ってまわりを見回すと、全員大笑いしているじゃないですか。

このあたりが、一般社会と感覚の違うところですね。

格闘家の人たちとタイに旅行したことがありましたが、飲み屋で氷を頭突きでかち割ろうとしたら頭の方がかち割れて流血の大惨事になったことがありました。この時も、みんな大笑いしていたなあ。

聞けば、新人さんはバレーの選手としてインターハイに出場したのだとか。そりゃ本物がアタックすればエロ屋の頭なんか簡単に壊れます。

まったく、ボールじゃないんだから、少しは遠慮してよ。

でも、アスリートっていざアクションするとなると手加減できないんだろうね。この顛末、プロデューサーに報告したら。


「それ、ぜひ本編で使ってください」

「カメラ回ってなかったですよ」

「え～！　じゃあ、殴られて気絶しただけじゃないですか」


確かに（笑）。

もちろん、AV監督が全員このように悲惨なわけではないですよ。私の場合はMおじいちゃんのキャラが定着しちゃってるからね。監督の中には、元○○連合とか元○○組みたいな怖そうな人もいますから、もちろんこういう人たちは殴られも気絶もしません。

それにしても、AVほど、いろんな出自の人が集まっている業界は珍しいですね。職域というのは、学歴、家庭環境、だいたいは似た背景をもった人たちで構成されるものですが、AV業界となるとてんでバラバラ。「元」ということで言えば、世の中の職業のほとんどがここに集まっています。

ちなみに、うちの事務所のクリちゃんは芸術系の大学を卒業して、印刷会社に就職した後、どうしてもAV業界に入りたくて、私のところに来ました。この人の場合は「エリート・コース」かしら。AVも映像ということでは映画の親戚ですからね。

先にあげた新人女優さんはバレーボール選手。スポーツ関係出身の女優さんは意外と多くて、空手の全国大会経験者や、変わり種ではボディビルの入賞者なんて方もいます。

でも、多いのは「芸事」系からの転身組。

今は、ストリップの舞台の方で大活躍しているみおり舞さん。彼女など若手バレリーナの登竜門と言われる世界的なイベント、スイスのローザンヌ国際バレエコンクールのセミファイナリストです。

公にはしていないけれど、聞けばビックリなキャリアの持ち主は多いです。

小さい頃からピアノの英才教育を受け、各賞総なめ。ところが、何かの大会で銀賞になったところ、お母さんから「なんで銀賞なの！」とトロフィー叩き割られ、「ＡＶ女優になってやる！」と私のビデオに出ていた人もいました。

ちょっと私の妄想ですけど。

小さい頃からＡＶ女優を目指します！　という女の子たちのためのレールはないから、何かしら別の芸事を経てのＡＶ女優ということになりますが、ＡＶも芸事は芸事。人によってはＡＶが一番自己表現にフィットすることもあるのです。

ＡＶ女優は立派な芸能の民なのです。

某月某日

野球も撮影も「ダブルヘッダー」でやりますか？

「明日の現場って二本撮りですよね。また帰れないかなあ……」

とスタッフのクリちゃんがあきらめ顔でぼやいています。二本撮りとは、一日で二本分撮影することです。プロ野球でいえば、昔時々あったダブルヘッダーです。メーカーからすればコスパのいい仕組み。スタジオも男優もメイクもスタッフも一日分のギャラで二作品撮影できるのだから、安上がりです。

撮影のダブルヘッダーのデメリットは、クォリティーが落ちること。人間の集中力には限界がありますし、限られた時間の中で撮影すると段取り優先になります。時間をかけてこだわるべきところも「ま、いいか」と流してしまいます。

だから、実際には二本撮りといっても、正味の大作二本ということではなく、一本は普通に撮るけれど、もう一本はハメ撮りのような簡易的（スタッフにとって）な撮影を組み合わせることが多いようです。

二本撮りの現場も最初の頃はそんな感じでした。一本は普通に痴女物。それが終わったら、少し休憩を入れて、メイク室でのインタビューからさっそくフェラがあったり、オナニーがあったり。つまり、時間をかけてセットを組まずに、その場、その場を利用してどんどん先に進んでいくというスタイルです。

適当だなあ……なんて言わないでね。これはこれで作為がない分、女優さんが素のままでエッチを楽しんでいる雰囲気があって、意外とエロかったり、おもしろかったりします。「いつでもどこでもゲリラ即ハメ」の面接物が人気があるのも、リアルな雰囲気があるからですね。

女優さんが面接に来ると、面接なのにそのままエッチが始まってしまい、あれよあれよという間にお乱れになる姿を全部収録。

私も好きです。だから二本撮りもそれほど苦ではなかったのですが、ある時メーカーさんの気が変わりました。

「ラッシャーさん、大変でしょうが、全然違うものを二本にしたいんですよ。台本からきちんと二タイトルという感じでお願いできますか」

「え？　そりゃ大変です。今まではついでということでお引き受けしていましたが、それだったギャラは二本分でますか？」

「……」

「う〜ん。じゃあ、一本半分とか」

「……」

「え〜。同じ？」

「ハイ！」

どうして、そこだけ元気な返事？

しかし、どのような過酷な条件でも仕事を受けないと生きていけないのが下請というものです。

で、クリちゃんのさきほどの嘆き節というわけ。

「一本目が終わるのが夕方ですよね。それから二本目でしょ。十二時に終わるかしら。終わるわけないですよね、あはは」

さあ、皆さん頑張りましょう！

と意気込んで現場に。女優はベテランのJさん。実は、私、嫌な予感はしていました。仕事はできるし、性格も明るい人なのですが、とてもお話好き。さらに本日のメイクさんが、彼女の親友で、こちらもお話大好き。

こういう現場は無口な人に限ります。

案の定、メイク室から聞こえてくる楽しそうな話し声。

あ〜、これは確実に手が止まっているなあ。話をしてもいいけれど、手が止まるのはよろしくありません。八時集合、九時半スタートの予定が早くもずれ始め、あらもう十時ですか。

「Jさん、そろそろいかがでしょうか」

「あ、ごめん、ごめん。昨日のクラブの話がおもしろくって」

「はいはい、今日も早く終わって、クラブに行ってくださいねえ」

「大丈夫。今日は行かないから、何時終了でもいいよ」

Jさん、基本的に元気だから、疲れを知らない人。私は六十代後半のおじいさんだからすぐ疲れる人。

しかし、仕事人のJさんはカメラが回れば早い。三〇分のコーナーを三〇分ちょうどで撮影終了。そして、鉄人は元気いっぱいメイク室で談笑しています。

「次のコーナー行きますよ〜」

「は〜い」

一本目を撮り終わったら夜の七時になっていました。

「二時ですかね、これは……」とクリちゃん。

その予想はピタリと当たり、撮影終了は深夜の二時。皆さん想像してください。こんなに遅くまで全力で仕事をしている老人なんて世の中にいませんよ。しかし、Jちゃんは明るいし、仕事ができるからいいのです。一応、楽しく時間を過ごせます。これが暗くて、仕事感がイマイチともなると、疲労は倍増。人間いろいろですから、そういう女優さんと仕事をする時もあります。

人を責めてはいけません。ただ、二本撮りするなら、キャスティングは配慮しないと。

後日談。

メーカーの人が言いました。

「次から、女優さん二人にしていいですかね」

「それって、正味の二本ですよね。ギャラは?」

「……」

「同じ?」

「はい!」

さすがに、無理無理と断ったら、翌月から違う監督が撮っていました。ま、メーカーさんとは仲よしなので、いつか復帰すると思いますが、その時は三本撮りになっていたりして。

某月某日

汁男優百人で、すってんころりん発射の祭典

なかなか今の時代ではこういう撮影はできないのですが、ものすごい数の男優が集まって女優さんに精子をぶっかけるという作品があります。

昔は、汁物と言いました。なんだか定食のお吸い物みたいです。でも、こちらのお吸い物は濃くて、ドロドロ。特殊な内容なだけに、インディーズとかマニア物という分け方をされていましたが、久しぶりに大手さんのメーカーで撮影がありました。いわゆるAV新法の少し前のことです。

「みよしさん、こんなのできますか？」

とプロデューサーが持ってきた話は、男優百人を集めて、洗面器に汁を溜め、女優さんに飲んでもらうというもの。

「え～！　百人！　洗面器！　飲む？」

考えただけで鬼畜な撮影です。でも、企画飽和状態のAV、生き残っていくために

はこんな内容も考えないといけないのがプロデューサーというものです。

「でも、女の子をいじめるのはイヤだなあ……」

このあたり複雑。能天気なAV監督としては、現場は女優もスタッフもみんな楽しいのが一番です。仕上がりがたとえ凌辱的なものでも、現場では仲良く過ごしたいものです。そもそも、そんな内容にOKする女優さんはいるのでしょうか。

すると、プロデューサーが言いました。

「いるんです。撮る人がいないだけです」

と始まったこの企画、なんとシリーズになってしまいました。百二発精子を全てまとめてごっくんが第一弾、後から出演する女優さんたちの負けず嫌いが発揮されて、回をおうごとに発射数が増え、最後の作品では百二十三発になってしまいました。『123発350㎖の精子を全てまとめてごっくん　麻里梨夏』というタイトルで検索してみてください。

で、さすがにチャレンジャーもいなくなり、現在このシリーズはお休み中です。

企画としては、トンデモ企画ですが、当の女優さんたちにとっては大仕事。その苦悩、努力、呻吟ぶりは言わずもがなですが、ここでは現場のトンデモぶりをご紹介しましょう。他の監督、誰も引き受けないのがよくわかります。

まず、なんといっても男優集めです。読者の方もなんとなく名前を聞いたことがある「汁男優」。カラミをしているのが男優で、こちらはあくまで汁男優。途中でお口でしてもらったり、手でシコシコしてもらうことはあっても、基本的には最後は自分でシコシコ。

「イクッ！」

と気持ち悪いうめき声をあげて、発射するあの人たちですね。今をさかのぼること三〇年ほど前には、このジャンルが人気を博したこともあり、汁男優は大勢いました。一回射精すると、輪ゴムをもらい、その数で後ほど精算してもらいます。一回五千円が相場だったかな。スタジオに入りきれないから、順番待ちの汁男優が建物をぐるりと囲んだなどというエピソードも残っています。

あるメーカーなどは、汁男優を固定メンバー化し、ナンバリングしていました。今でも、汁男優から男優になったベテランどうしが。

「え？　二〇番？　すごいっすねぇ」

「君は？」

「俺なんか百三十三番ですよ」

こんな会話をしていることがあります。

それはともかく、汁男優を集める手っ取り早い方法は、汁親といわれる手配師のような人に頼むこと。今回も懇意の汁親Sさんに頼みましたが、さすがに人数を聞いて絶句。

「ひゃ、ひゃくにん?」

引き受けたSさん、その日以来汁男優への連絡のため自分の私生活そっちのけで毎日メールを打つ日々。そして、撮影当日、汁男優たちが、都内の某スタジオに集められました。

小さなスタジオでは、建物を取り囲むことになってしまいますから、大きな倉庫スタジオを借りました。

撮影前に女優のMちゃんが、好奇心で倉庫を覗きこみ、すっとんきょうな声を上げます。

「まじ〜?　うそ、うそ、うそ!　ほんと〜?」

見渡すかぎり若者、中年、中にはおじいさんまで男の海。

「よろしくお願いしま〜す」と野太い声が倉庫庫内に響きわたります。

「Mちゃん、どう?」

「あ〜、腰が抜けそうｗｗｗ」

ＡＤさんたちも、汁男優のさばきを専門にする人たちもくわえて（これ「加えて」ですからね、誤解なきよう）、忙しく立ち回っています。カメラマンがぼやきます。

「俺、やだなあ。汁がかかったらどうしよう」

いよいよ、撮影スタート。百人に取り囲まれたＭちゃんの元気な「頑張りま〜す。みんなおいで！」の合図で、最初はフェラなどを少々。と言っても、何重にも重なっている汁男優。フェラしてもらえるのは、前の方のグループだけで、残りは後ろの方でシコシコ。女優さんの姿さえ見えていない人たちも大勢います。

「この人たち、男の後ろ姿を見てコキコキしてるのかなあ」

「ある意味、器用ですね。しかも、発射するの洗面器でしょ」

確かにシュール。男の背中やお尻を見ながらシコシコして、洗面器に発射ですから。

「イクイク！」と最初の声が聞こえて、一発目が洗面器に。

「イクイクイク！」

「イクッ！」

「あ〜、イクイク、イッた！」

イッた？　その声はいらないでしょ。前のグループは比較的スムーズに動いていますが、そのうちにカオスが始まりました。

洗面器までの距離が遠すぎて、途中でまき散らしてしまう汁男優、足をすべらせて射精しながら転ぶ汁男優。汁さばき係のADがなんとか統率しようとしますが、男たちがイク直前の衝動的行動に対処するには限界があります。

「あ！　こっちに出すな！」「オレに顔射するな！」

カメラマンの怒声、悲鳴まで聞こえてきます。そんな状態が三時間。たっぷり溜まった洗面器を前に、さてMちゃんの奮闘が始まりますが、そちらは興味のある方だけ作品の方をご覧くださいませ。


何回か撮影しているうちに、少しずつ統制がとれるようになりましたが、とにかく初めての時はこんな調子。

この作品、スタジオ内をすべて写した早回しのメイキングがついているのですが、後で見るとあちらこちらでいっぱい人が転んでいました。全裸でナニを勃起させて転んでいる汁男優の姿は滑稽でもあり、もの悲しくもあり、とにかく、まあ、こちらもヘトヘト。

「女優さんがいたら、また撮影しましょう！」とプロデューサー。

「ん〜。わ、わかりました……」と私。

頑張らなくっちゃ。

某月某日
「潮吹き」撮影の時は、「水災補償」を忘れずに？

AV作品で初めて潮吹きが登場したのはいつだ？　というのには諸説がありますが、おおむね言われているのが、豊丸さんや、咲田葵さん、沖田ゆかりさんあたりがワオワオと獣の咆哮《ほうこう》を上げていた一九八八年頃の「淫乱ブーム」の頃だと言われています。淫乱の象徴なので、その後ブームが去ると潮吹きも去っていったのですが、でも、こんな古い話をしていても仕方がありませんね。今や潮吹きは当たり前の定番メニュー。清純物から色物まで潮のない撮影はほとんどありません。

スタッフのクリちゃんがカメラを取り出してフキフキしながら心配そうに言います。

「今日はヤバいですよね。カメラ大丈夫かな……」

というのも、今日の撮影は潮吹きで有名なMさん。「ファン感謝イベント」という企画で、Mさんとエッチがしたい人のお宅を訪問して、Mさんとの一部始終を収録するという内容なんですが、Mさんどこでもいつでも遠慮なく潮を吹きまくるのが性分。

これはエロいのか！　というと、正直どうなんでしょう（笑）。

「イクーッ！」と叫ぶや、一メートル、二メートルぶっぱなすMさん。相手の男は当然として、周囲の家具も、スタッフもびしょ濡れです。もちろん、カメラもビシャビシャ。

Mさんを車に乗せて、ファンの人が住むアパートに向かいます。

「本当にシロウトさん？　私とやりたい人なんているんだ」

「そりゃ、いるでしょ。こんな可愛いMさんだったら、僕もしたい！」

などと他愛のないことを話している間にも、目的地に到着。挨拶もそこそこに、では始めましょうということになり、私が聞きます。

「石田さん（仮名）、クンニが好きとメッセージをいただきましたけど、してみます？」

「ええ、いいんですか？」

「舐めて〜」とどこまでも能天気なMさんは、窓を背にして下着を脱いで開脚します。

仁王立ちというポーズですね。石田さん、女体の神秘とばかり股間に顔を押し付けますが……。

「やばい〜！」とMさん立ったままいきなり石田さんの顔に潮を浴びせます。逃げる間もなくビシャビシャビシャビシャと潮を浴び続ける石田さん。「うぶぶ」と溺れています。

頭、顔、肩から降り注ぐ潮で、床に池ができてしまいました。ツルリとすべるスタッフのクリちゃん。

でも、これで終わりじゃないですからね。この後はベッドに行ってセックスです。

「あの……。監督……。Mさんってベッドでも潮吹きしちゃうんですよね」

「そりゃそうでしょ。困りましたね」

当然、ベッドの上でも大放水大会。

台風の時に窓を閉め忘れたようなビショビショの部屋を後に次の現場に向かう私たち。茫然と見送る石田さん。

この日は三名のファンの人のところに行く予定で、この後は妻帯者の待つ一軒家へ。

田中さん（仮名）はMさんの熱烈なファンです。

「いやあ、AVでいつも見るように潮を浴びてみたいですねえ」

「いいよ〜！」

思えば潮吹きなる行為は、女優さんがイクというのをビジュアル的に表現する行為です。二〇〇〇年代初め頃に男優・加藤鷹が出演作品で次々と女優に潮を吹かせて「ゴールドフィンガー」と呼ばれ、世の男性たちからリスペクトされたのも「イカせの達人」だったからですね。

「いいよ～」じゃないですよね（笑）。

Mさんは、もちろん、潮吹きが売りの女優さんですが、こういう女優さんは何人かいます。つい先日撮影したEさんもその一人。この時の企画は、下半身がだらしなさすぎる僕の彼女にお仕置きの中出し、という内容だったのですが、だらしない……の意味は、男にだらしないだけではなく、文字通りいつも潮を吹いているダダ洩れのアソコという意味も含まれています。

なんだか、いつもフニャフニャしているかわいらしい女優さんで。

「今日もよろしくお願いします！」

「ふぇ～ん」

「相変わらず、可愛いなあ！」

「ふぇ～ん」

こんな人にはチンチンで説教するしかない！　という、リアルな企画。Mさんは見た目もパワフルで、潮吹きも豪快。でも、Eさんは、見た目がこんな感じなので、初めての男優さんは必ずビックリします。

手で刺激されながら、「ふぇ〜ん」とフニャフニャの泣き声を出していたかと思うと。

「イクーッ、ふぇ〜ん！」

勢いよく噴射された潮は、バチーンと天井にぶち当たってザバーッと全員の上に振り注ぎます。

潮吹き女優さんたちは、脱水症状を起さないためにスポーツドリンクや経口補水液を大量に飲みます。でも、これもほどほどが大切。逆に飲みすぎて、具合が悪くなったEさんは、現場で倒れて撮影中断（すぐに元気になりましたが）。

AV現場っていろんなことが起こるでしょ。

文字通り武器としての潮吹きもあります。虫のいどころが悪かったKさん。どうにもカメラマンとそりがあわなかったようで、カラミの撮影をしている時に、カメラ・レンズにむけてブショーッ！

見事に命中する潮。撮影を止めて、ビシャビシャになったレンズや本体とレンズの結合部をフキフキするカメラマン。

「買ったばかりなんだよなあ。絶対ワザとだよなあ」

まさにAVでしか経験できないハプニングですね。

というのはともかく、Mさんとファンの田中さんの顚末。田中さんが用意した部屋ではなくて、夫婦の寝室に入り込んだMさん。

「ここでやろうよ〜」

躊躇する田中さん。ついに、立派なダブルベッドは水たまりに。

「あは、あははは〜」

呆けたように笑う田中さんを置いて次のファンのもとに。

私のカメラ？　もちろん、びしょ濡れになって、持ち帰りました。後日……。

「監督、カメラにカビがはえてますよ！」とクリちゃん。

潮吹き撮影、おもしろいけれど、ちょっと機材泣かせなところはあるのでした。

火災保険に「水災補償」というのが付いていますが、申請してみましょうかね。

某月某日

ついにオンラインで撮影する日がやってきた

夜中に目が覚めて、ギョッ！ 頭が痛い、熱もありそうだ。体温計をわきに挟んでみると三十八度ありました。明日は撮影です。コロナ以前なら、熱を押して現場に行くのも武勇伝。実際、監督も女優も男優もスタッフもそんなことは何度も経験しています。

しかし、今はコロナ時代。業界にもルールが作られました。熱のある人は現場に行ってはダメ、検査も義務化。濃厚接触者は陰性証明を提出しないと、現場復帰できません。とはいえ、明日の現場を飛ばすわけにもいかず……。時計を見ると夜の一時。とりあえず、プロデューサーに電話して現状報告します。プロデューサーとしては、監督を変えるのが一番簡単です。

「コロナだとまずいじゃないですか。今からだけど、監督を代わってもらいましょう」

しかし、それは私には困ります。今月の収入がゼロになります。ねばってみますが、現場に出られないのは変えようもなく、そこではたと思いついたのがリモート監督。

「いいこと思いつきました。リモートでやるというのはどうですか」

「そんなのできるんですか？」

「できます、できます、絶対できます！」

その時点では何も考えていない私でした。しかし、考えるにつれ、これはなかなか大変な撮影。

まずは昨日まで一緒にいたＡＤたちは、濃厚接触者の恐れがあります。メンバーを入れ替えないといけません。くわえて、私が現場にいないとなると、私の指示を聞いて、女優さんやスタッフに伝える伝達専従ＡＤも必要。四人は必要です。夜中の一時から？

ところが、この業界の人たちはどういう生活を送っているのでしょう。連絡する先、連絡する先、皆さんゲームをしたりビデオを見たりして起きていたのです。難航すると思っていたスタッフ集めはあっさり終了。

当初の私の計画。

スタジオの部屋の前に陣地を作って、無線で映像をチェックしながら、インカムで指示。

「それ、近すぎませんか。ほとんど接触でしょ」

「じゃ、駐車場に車停めて、そこから演出します」

「いやあ、とにかくスタジオの敷地にいたらまずいですね」

と、私はどんどんと追いやられ、たどりついた先は誰もいない自分の事務所。しかし、困った時にはみんなが知恵を出し合ってくれるものです。現場の映像を事務所まで飛ばす方法を考えてくれた人、指示の声を直接スタジオ内に届けるようにしてくれた人、おかげ様で無事撮影スタートにこぎつけることができました。

モニターに映る現場の人々はまるで監視カメラで見ているような雰囲気です。みんなが私に手をふって、大丈夫ですか？　と容態を聞いてくれます。

「大丈夫ですよ〜。ほら、こんなに元気！」とハゲ頭をペチペチと叩く私。実際、熱は三十六度まで下がり、体調になんの不安もありません。

やがて女優のYちゃんが現れ、最初は驚いた風でしたが、私が元気とわかると安心した様子。さっそく、オンライン打ち合わせをすませ（ここは会議アプリ）、本邦初オンライン撮影を始めることになりました。

「よ〜い、スタート！」

端末から鳴り響く私の声がスタジオで反響しているのが聞こえてきます。

「なんだむちゃくちゃ元気じゃん！」

カメラマンが悪態をついているのも聞こえます。

「カーット！」（大声）

Yちゃんが一瞬キョロキョロしますが、すぐにその場に私がいないことを思い出してプッと噴き出します。

私は私で、事務所のデスクにふんぞりかえって、一人で大声を出していますが、大声を出さないと聞こえないと思い込んでいるから。次の展開の指示をして、再びカメラは回ります。

私が見ているのは、全体と、そしてVTRカメラの映像です。それで不自由はないのですが、少し困ったのはコーナーが終わった後の次の準備のやりとりでした。

「今から外ですが、どのあたりに行きましょう」

「次の男優が来ましたが、説明お願いします」

「衣装が合わないですが、別のものありますか」

「飲み物、追加買いに行きますが、何にしましょう」

「照明は暗めでいいですか」

「現スチ（現場スチール）、絶対に押さえておくものは？」

「最後の男優から遅刻すると連絡来ましたが、何時までに来るように伝えますか？」

ADからメイクから照明からカメラマンから次々に質問が飛んできます。電話とラインのやりとりなので、さばききれないのです。

なるほど、現場にいたらこれを同時に指示していたのだ……。監督って聖徳太子みたいなことをしていたんですね。

撮影すべて終了して、Yちゃんがスマホの画面いっぱいに顔を出して、言います。

「お疲れ様でした。会いたかったなあ」

切ないです。

翌日、検査に行きましたが、陰性でした。この騒ぎ、なんだったのでしょう。

おわりに　私は煩悩から解放された!?

さて、AV監督ヒヤヒヤ日記、いかがだったでしょうか。第三章の最後の頁でも書きましたように、撮影もオンラインで……といった具合に、歌は世につれではありませんが、撮影方法も撮影をとりまく環境もめまぐるしく変化しています。監督の苦労も昔と今ではずいぶん変わったような気がします。

本書には、昔話も出てきますが、中心は今現在進行形のできごとをとりあげてみました。なんだ、監督って普通の人なんだと思った方もいれば、やっぱり特殊な人種だなあ……と感慨を深めた方もいると思います。思えば千タイトル近くの作品を世にまき散らし、その何パーセントかは人々のお役にたてたのではないかと自負しています。

昔、まだ若かった頃、私は青臭い承認欲求にばかり駆り立てられ、「自分のために」作品を撮っていました。しかし、いつしか、煩悩まみれのAVであるにもかかわらず、自分自身は世間的な成功や人から見た立ち位置といった煩悩から解放され、AVを撮ること自体が本当に楽しくなっていました。エロいものを作るのが素直にうれしいのです。

もちろん、苦労はいつもお友達、不安神経症になることもあります。それでも撮り続けるのは楽しいからに他なりません。

昔、私がエロ本の編集者だった頃、先輩の編集者が取材に来た記者から「どんな人がエロ本編集者にむいていると思いますか」と問われて、「女好きはダメだね。童貞でもいいから、エロ話をするのが好きな奴がいいんだよ」と答えていたのが印象に残っています。

私なども女性経験の数でいえば、まったくの平均以下。しかし、頭の中は24時間エロです（笑）。どんなにアウトプットしても、今なお、枯れることなく出続けます。本編中に登場するTプロデューサー、本中というメーカーの智子さんですが、彼女も24時間脳内エロの人で、二人で会うとエロ話ばかりしています。智子さんは、24時間エロ話ばかりしている私とラッシュの人々が大好きだそうです。

智子さんとの会話、時に説教を通して、私のAVはどんどん変化してきました。簡単に言うと登場人物に深みが増しました。誰がなぜこんなことをしているのか……。

とても基本的なことですが、意外と深堀りされていません。しかし、ここが充実するとエロがイキイキと輝きだすのです。

これもまた最近AV撮影が楽しい理由です。智子さんの仕事は説教地獄なので、苦労は苦労ですが（笑）。朝から百行におよぶ説教をラインしてくるのは彼女だけです。感謝。

あと、今はないのかな？　アウダースというメーカーのK社長。主観撮影の神髄を、これまた細かなチェックと苦言で私に叩き込んでくれた人で、感謝しています。

中には、うるさいことを言う人を避ける人がいますが、小言が的確なら、こういう苦労は「買ってでもしろ」ですよ。まして、今年六十七にもなる老人は、ますますみんなから説教されて愛されたい。

こんなに怒られている（愛されている）監督はいないと思います。本書、監督苦労話も他人のせいにしているように見えるところがあるかもしれませんが、すべて私の不徳の致すところ。もっともっと苦労させてください！

二〇二三年一月

ラッシャーみよし

ラッシャーみよし
1956年、京都府生まれ。AV監督。AVメーカー「RASH」代表。京都産業大学外国語学部卒業、早稲田大学大学院ロシア文学専攻修士課程修了。修士論文のテーマは、ロシアの反西欧的思考の源流を考察した、スラブ主義とカウンターユートピズム。大学院在学中にラッシャーみよしのペンネームで風俗雑誌『元気マガジン』(セルフ出版) よりフリーのライターとしてデビュー。
その後、1986年、30歳の時に白夜書房よりサブカル系アダルト誌『キングコング』創刊。1989年に『ダイナマイトスペルマ』(シークレット)で監督デビュー。同時に、インディーズ・シーンにおいて、ザーメン物、脚フェチ物などの作品を多く発表したことでも知られる。
著書に、『ムチムチの研究　ミニスカートの歴史を熱く語ろう!』(心交社)、『ビザールビデオ研究』(イーストプレス)、『日本列島「風俗」最前線90の裏情報』(二見書房) などがある。現在も監督、ライターとして精力的に作品を発表している。

AV監督《かんとく》ヒヤヒヤ日記《にっき》
少子化《しょうしか》阻止《そし》、セックスレス解消《かいしょう》のために撮《と》りつづけます

2023年2月26日　初版発行

著　者　ラッシャーみよし

発行者　鈴木　隆一

発行所　ワック株式会社
東京都千代田区五番町4-5　五番町コスモビル　〒102-0076
電話　03-5226-7622
http://web-wac.co.jp/

印刷製本　大日本印刷株式会社

ISBN978-4-89831-969-7